Salvador Sabino

DOS CAMINOS

Un impactante testimonio de la gracia de Dios

EDITORIAL Vida

DEDICADOS A LA EXCELENCIA

La misión de EDITORIAL VIDA es proporcionar los recursos necesarios a fin de alcanzar a las personas para Jesucristo y ayudarlas a crecer en su fe.

©2002 EDITORIAL VIDA
Miami, Florida 33166-4665

Edición: Ark Productions. Inc.

Diseño interior: *Jannio Monge*

Diseño de cubierta: *Gustavo Camacho*

ISBN: 0-8297-3627-1

Categoría: *Vida Cristiana / Inspiración*

Impreso en Estados Unidos de América
Printed in the United States of America

02 03 04 05 06 07 ❖ 06 05 04 03 02 01

Contenido

1

Tiempos

El reloj marcaba las doce en punto. Cada minuto, cada segundo anunciaba que se acercaba la hora. Bien, decía mi abuelita, el que la hace la paga.

En el Corzo Night Club donde me encontraba, varias parejas se lanzaban a la pista de baile con notable alegría, mientras otros se acercaban a presenciar y gozar del arte de los músicos. Las trompetas resonaban y los tambores repiqueteaban, mientras un joven que había cumplido los veintitrés años de edad estaba muy triste, embriagado en licor, cocaína y, peor aun, ahogándose en la copa de su propia preocupación. Aquel joven era yo.

Era tiempo de Navidad, moría el viejo, como dicen, y nacía el año nuevo. Se iniciaba una nueva década: la de los ochenta para muchos, para mí la década de los encarcelamientos. Mi preocupación era verle la cara al juez que me dijo en la cita anterior con una voz muy fría: «Día de sentencia, enero tres, a las nueve de la mañana». No había escapatoria, yo mismo tuve que declararme culpable.

Recuerdo que un compañero de trabajo de mi amigo de infancia, Rubén, nos presentó un plan perfecto para robar fácilmente más de setenta y cinco mil dólares. Ese día, vestidos de ejecutivos, con trajes a la última moda, pudimos burlar a los vigilantes del área de las fábricas adyacentes. Ya detrás de algunos vagones, abrimos nuestros maletines Sansonite y extrajimos de allí los disfraces: una bata negra que nos cubría todo el cuerpo, guantes, una máscara y, por último, un revólver para cada uno. No consideramos la posibilidad de que lloviera ni de que el encargado de la nómina de pago se tomara más tiempo de lo usual en llegar. Encendíamos un cigarrillo con la colilla del otro. Siempre disfrutaba ver fumar a Rubén. Asumía un estilo de actor cuando encendía su cigarrillo, especialmente si nos acompañaban muchachas. Ahora, era obvio que no fumaba por placer, sino para calmar sus nervios. Aunque habíamos hecho fechorías menores en las pandillitas juveniles, ahora la cosa era diferente. En este caso, el plan no era comprar ropa, fumarnos una bolsa de marihuana, irnos a bailar o al cine. Nuestra fantasía cada día se hacía un poco más ambiciosa y sofisticada: queríamos carros costosos, último modelo y además «sacar los pies del barrio», es decir, mudarnos del vecindario pobre.

Acción: Robo a mano armada

Ahí, detrás del vagón de carga, bajo la lluvia, soñábamos con llegar a un mejor estilo de vida aunque fuera a costa de otro. Yo estaba sentado, fumando y soñando despierto mientras exhalaba bolas de humo, cuando noté que el semblante de Rubén cambió de repente. No podía decir nada. Nos conocíamos. Había llegado la hora esperada. El hombre esperado, portador del salario del personal de cinco empresas diferentes, abría el baúl de su automóvil. Rubén le saltó por detrás; yo lo sorprendí por delante.

—Alto ahí, no te muevas —le grité.

Cuando el hombre miró hacia atrás y vio a Rubén, pegó un grito feroz. Rubén intentó callarlo golpeándole con violencia en la cabeza con la cacha del revólver. Por otro lado, fui directamente al baúl del carro, para buscar el dinero, tomé un sobre manila, pero fui interrumpido. Se acercaban dos hombres más.

Les apuntamos con los revólveres. Rubén tomó algo en su mano y me dio la señal de partida. Luego empezó a correr hacia el auto mientras yo amenazaba a los dos hombres que ahora trataban, con mucho apuro, de controlar al encargado que sufría un ataque de nervios mientras la sangre corría por su frente.

—El que quiera morir que nos siga o llame a la policía —los amenacé cubriendo a Rubén mientras avanzábamos hacia el auto.

Tan pronto entramos al vehículo con los revólveres en mano, La Cebra, a quien contratamos bajo engaño de que realizaríamos una transacción de negocios para guiarnos a Nueva Jersey, reaccionó.

—¿Qué pasa, loco? ¿Qué pasa? —gritó.

—Date prisa —le ordenamos. Y sin perder tiempo salió de allí haciendo chillar los neumáticos.

—¿Qué hicieron? —protestó Hilda, mientras miraba a su marido. Rubén entretanto acarició a Napoleón, su hijo de cuatro meses.

—Nada —mintió.

Jaque mate policial en la ruta tres

Tan pronto entramos a la ruta tres, hacia Nueva York, vía el túnel Lincoln, tratamos de buscar un camino alterno, ya que el Lincoln es muy vigilado. En ese momento noté que un camión venía siguiéndonos a distancia. Lo había visto cerca de la escena del crimen. La Cebra aceleró hasta perderlo de vista. Unos minutos después, venía detrás de nosotros un carro policial, pero como no estaba tocando su sirena, seguimos avanzando. Luego se unieron otras patrullas, una detrás, otra al lado y, finalmente, otra que salió delante de nosotros. Metimos todo en un maletín mientras buscaba la manera de deshacerme de toda evidencia, pero era muy tarde. Comenzaron a sonar las sirenas. Los policías empezaron a gritar por sus bocinas: «Deténganse, paren a la derecha».

Nos detuvimos. No había otra alternativa. Trazaron un inevitable jaque mate. Empezaron a salir policías por todos lados con revólveres y rifles en mano.

—Salgan con las manos arriba o disparamos —gritaban los agentes.

Ya en el precinto, Rubén y yo hicimos una declaración de culpabilidad para negociar que La Cebra, Hilda y Napoleón, su bebé de cuatro meses, salieran libres. Ellos no tenían culpa alguna. No sabían que se trataba de un asalto hasta que nos formularon los cargos, culminando con una fianza de cincuenta mil dólares para Rubén y para mí.

Aunque tratamos de convencer a la policía de la inocencia de La Cebra, no lo descargaron de inmediato, sino hasta una de las primeras audiencias porque aparentemente tenía una orden de arresto en Nueva York. Tuvo que pagar una fianza de veinticinco mil dólares. Como yo lo invité a la supuesta transacción financiera, tuvieron que separarnos de celda ya que empezamos a pelear.

Días después, a causa de andar por este camino de perdición, me hallaba aferrado a las barras de hierro de Hudson County Jail, una cárcel de Jersey City, Nueva Jersey, mientras pensaba que debí haberme batido a tiros con los policías que me arrestaron. En ese momento, la voz del carcelero interrumpió mi pensamiento.

—Señor Salvador Sabino, tiene visita —me avisó.

Al instante abrió mi celda y pensé que se trataba de mi abogado, pero era mi tío, el pastor Antonio Jiménez que, a pesar de verme entre rejas, no cambió de tema. Poniendo su mano derecha en alto, haciendo señales frenéticas con dos de sus dedos y con su Biblia en la otra mano.

—En la vida hay dos caminos —declaró. Algunos presos quedaron tan atónitos como yo por el impacto de esas palabras como de un trueno. Me sentí avergonzado delante de los demás presidiarios. Volviendo a mi celda pensé: «Ese es igual a los demás aleluyas, está loco de remate».

Salí bajo fianza y continué en el camino del mal. Permanecí con el mismo estilo de vida, no me interesaba cambiar. Los placeres de las mujeres, la droga y los clubes nocturnos eran telas de araña en las que estaba atrapado por mi propio deseo. Aunque no pertenecía a ninguna orquesta, me placía andar de club en club e iba a la discoteca casi todos los días de la semana. No me interesaba mucho bailar salsa ni música disco, prefería sentarme en una mesa con mis amigos y amigas a tomar coñac que, aun cuando no abusaba de él, combinaba con dos o tres tabacos de marihuana y «pases» de cocaína toda la noche.

Intenté evadir la sentencia a través de un programa para jóvenes, pero en una sección de consejería, la instructora me sorprendió al tomarme la mano derecha y notar que mis dedos pulgar e índice estaban amarillentos, por lo que se alarmó.

—Señor Sabino, ¿de qué se trata esto? —me preguntó sin disimular su enojo. De inmediato fui expulsado del programa y consecuentemente referido a sentencia.

Efectos de la tensión por la sentencia

En ese bar ya no podía gozar. Pasados unos minutos después de la medianoche podía contar las horas para comparecer ante el juez y recibir la sentencia. «¿Cuántos años tendría que estar encerrado? Caí en la peor de las trampas. Me sucederá como a otros presos, mis amigos se olvidarán de mí. Perderé las caricias de mis amigas. Estoy arruinado». «Sus hijos leerán este artículo para vergüenza de ustedes» amenazaba Quintina, la madre de Rubén, mientras literalmente nos estrujaba el periódico en la cara.

—Sal, ¿qué te pasa? —me interrumpió mi amiga—, todos bailan. Todos gozan. Y tú aquí como si estuvieras amargado. ¿Acaso estás pensando en otra? —me cuestionó.

Un pasito para aquí, un pasito para allá. Otro pasito, una vueltita daba Genito en la pista de baile al ritmo de la canción «De patita el perro con la gatita» que interpretaba Luis Perico Ortiz y su orquesta. Un copazo a mi cigarrillo, otro trago, luego otro pase de cocaína; por último, una respuesta fría: «Me voy de Nueva York. Hoy es el último día que me ves. No sé cuándo regresaré».

El sabio Salomón dijo: «Todo tiene su tiempo, y todo lo que se quiere debajo del cielo tiene su hora» (Eclesiastés 3:1). Cuando me estaba vistiendo para dirigirme a la corte, no deseaba ver a nadie, especialmente a mi madre. ¡Con qué valor enfrentaría a la mujer cuyo sueño hoy se desvanecía! Toda su vida de madre se había sacrificado para abrirle camino a su único hijo. El sueño de verlo un día graduarse de médico, abogado o ingeniero, se convertía en la pesadilla de verlo fichado por ladrón, sentenciado y lanzado a una vida de presidio. Me acerqué a su cuarto.

—Juanita, cálmate, llorar tanto te puede hacer daño. Por lo menos, tu hijo está vivo —trataba de consolarla Delfín, mi padrastro.

Me sobraban las fuerzas para pelear contra enemigos peligrosos y de renombre en la calle; me arriesgaba a quitarles sus botines a personas mejor armadas que yo; pero me faltaba valor para verle el rostro a esa mujer que lloraba lágrimas de sangre; la que se había negado a sí misma toda la vida para que ahora, su único hijo, le causara tal decepción.

Finalmente llegó la hora: «Todos de pie; el Honorable…» Para la corte era un caso más, nada más; para mí era el día más oscuro de mi vida. El que siempre estaba rodeado de muchos amigos, ahora estaba completamente solo. Ni aun Rubén, que debía recibir su sentencia, estaba en la corte. El martillazo del Honorable Juez atrajo la atención de todos. Mi abogado John Dwire, se acercó a mí como ofreciéndome consolación. Los guardias también se me acercaron.

Oí el sonido de las esposas y pude ver de reojo cómo uno de los guardias se preparaba para esposarme. Tan pronto el juez pronunció la sentencia de tres y cinco años ininterrumpidos, fui esposado y llevado por un túnel. Al llegar al punto final de este, me quitaron las esposas. Me entregaron un colchón enrollado sobre sábanas. Se abrió y se cerró detrás de mí la puerta de barras de hierro. Inmediatamente tiré el colchón sobre mi nueva cama y fui al teléfono. Alguien hablaba allí muy calmadamente.

—Oye, tengo que hacer una llamada de emergencia. Te estás tomando demasiado tiempo —le grité al que hablaba por teléfono.

Me miró de arriba a abajo y puso su mano sobre el teléfono.

—Yo hablo cuanto quiera —respondió. Sin embargo, se despidió tirando el auricular.

Así que hice mi llamada y le informé a mi padrastro acerca de la sentencia. Le pregunté por mi madre y me contestó que no había cesado de llorar todavía. Mientras hablaba por teléfono, el que hablaba antes que yo parecía estar ocupado preparándose para pelear conmigo. Me despedí de mi padrastro pidiéndole que consolara a mi mamá y diciéndole que mi abogado me aseguró que no pasaría más de un año en la cárcel. Luego fui a mi celda, me quité el traje y la corbata y salí de allí. Un preso de experiencia a quien llamaban el Indio y que también era de Nueva York, se acercó a mí y me aconsejó.

—Me imagino que eres de Nueva York. Cógelo suave, si no tendrás una bronca diaria. Aprende a hacer tiempo —me previno.

En ese momento, el hombre que hablaba por teléfono anteriormente se acercó a nosotros dos y señalándome con su dedo índice derecho.

—¿Cuál es tu problema? —me desafió.

—Hagan las paces. Ustedes son latinos y mientras yo esté aquí todos los latinos nos trataremos como hermanos —intervino el Indio.

Minutos después alguien me dijo que había llegado otro preso de Nueva York. Era mi amigo Rubén.

—Sal, esto está fuerte. ¿Quién cuidará a mi hijito y a mi esposa? —se lamentaba Rubén.

—¿Por qué le das tanta «mente»? —le reproché.

Él empezó a actuar diferente. Ya no era enérgico; decía cosas extrañas. Pensé que estaba tan preocupado que concluí que si seguía así saldría loco de la prisión. Eran muchos los que perdían la facultad de pensar y actuar con claridad bajo la presión y la tortura de las rejas.

Motín en la penitenciaría de Bordentown

Aprendí pronto que en las prisiones existían pandillas de todo tipo: por raza, nacionalidad, región y también por religión. En la penitenciaría de Bordentown, Nueva Jersey, un correccional principalmente juvenil en el año 1980, unos seis meses después de mi llegada, hubo un motín entre blancos y negros donde estos últimos les propinaron tremenda golpiza a los primeros. Gino, el líder del pequeño grupo de los blancos, vino a mí y me pidió ayuda del grupo latino.

Nosotros concluimos que el problema era racial; por lo tanto, decidimos no darle las armas que Gino pedía, mucho menos pelear a favor de ellos, aunque lamentábamos que tampoco los negros tenían razón. De todos los blancos, Gino se había ganado el odio del bando opuesto, porque entre los muchos tatuajes que tenía en todo su cuerpo, tantos que parecía un periódico, sobresalía el de su brazo izquierdo: un hombre negro ahorcado en un árbol. Gino, entendiendo que no se había ganado el favor del pueblo latino, se enfureció y se lanzó contra el negro más cercano a él. Acto seguido, presidiarios de ambos grupos se enfrentaron en un violento combate. En pocos minutos, llegó un equipo de oficiales y empezaron a repartir palos y patadas, empujones, etc. Dos o tres de los guardias trataban de separar a Gino de su víctima, que gritaba angustiado. «Quítenmelo que me muerde, quítenmelo», clamaba.

Mientras los policías los separaban, la sangre corría sobre los tatuajes del pecho de Gino. Luego con la boca llena de sangre, este escupió el pedazo de la oreja izquierda de su enemigo, mientras daba un fuerte grito de victoria. En verdad, su apodo de «Hombre Salvaje» por su pelo rojo, largo, alborotado; su barba frondosa y su fama de pandillero motorizado, ahora quedaba inconfundiblemente ratificado por este vil comportamiento. Los pocos blancos, incluso los que tomaron parte en el ataque racial, tuvieron que ser cambiados de galería y los participantes más violentos fueron trasladados a otra prisión.

En una ocasión en que miembros de los diferentes grupos nos entreteníamos mirando televisión, entró otro confinado con ademanes de bravucón, cambió la televisión de canal y se sentó con una actitud bastante desafiante. Yo retorné la televisión al canal original, miré al agresor a los ojos y le advertí: «¿Crees que estás en tu casa? Atrévete a tocar el televisor y te llenaré la cara de dedos».

La tensión de los motines entre los diferentes grupos étnicos o territoriales parecía dominar el ambiente como si la raza y el lugar donde la gente nace o reside tuviera más valor que la justicia y el derecho. Cuando me faltaban algunos meses para salir en libertad, me transfirieron del trabajo de carnicero en el interior de la cárcel a otro afuera. Tuve que trabajar en el manzanal que estaba frente a la prisión. Eso nos dio la oportunidad de pedirle a un amigo que nos trajera una buena cantidad de marihuana y cocaína y la pusiera en un paquete debajo de un árbol caído que estaba en la parte del manzanal adyacente a la carretera que usan los visitantes para entrar por la puerta principal de la prisión.

El grupo de trabajadores compuesto por blancos, negros y latinos, actuamos en concierto, con mucha armonía para llevar a

cabo esta patraña. Uno entretuvo al guardia instructor encargado de nosotros, otros dos velaron que ningún otro celador nos
sorprendiera; el resto del equipo continuó trabajando con la ex-
cepción del responsable de buscar la droga. Luego el paquete de
estupefacientes fue distribuido para burlar la seguridad de la prisión y de esa manera hacer la entrada triunfal.

Todos los días fumábamos tabaquitos de marihuana. En
ocasiones especiales bebíamos licor, inhalábamos cocaína, heroína o ingeríamos diferentes tipos de pastillas. Mi amigo
Benny, que también era de Nueva York, y que había pasado casi
toda su juventud de prisión en prisión, se inquietaba si no estaba
bajo la influencia de alguna droga. El único día que no usábamos ningún alucinógeno, por mutuo acuerdo entre él y yo, era
el lunes, ya que era cuando los pentecostales venían a la capilla a
cantar los coritos que de vez en cuando nos sacaban lágrimas.

En una ocasión, me enemisté con uno de mis compañeros
por cuestiones de drogas. Agarré un arma, propia de las prisiones, llamada figa, y le dije: «Busca tu figa. Te espero en el baño»,
lo reté.

Los demás presos abandonaron el lugar de inmediato. Intu-
yeron el comienzo de una riña. Benny y otro amigo vigilaban al
guardia. Dos señores mayores que nosotros, tal vez de unos
treinta años de edad entraron al baño.

—Sabino, oye bien, ese chamaco no quiere nada contigo, él
está dispuesto a pedirte perdón por su falta—, dijo uno.

—Dominica, tú te enojas por cualquier bobería. Todos te
aprecian mucho aquí. Somos una familia. No seas tan violento
—agregó el otro.

Todavía al siguiente día, el ambiente estaba tenso. En el comedor los presos de experiencia se me acercaban y me decían
que si no cambiaba de actitud jamás saldría de la prisión. Sera-
pio, un presidiario de Puerto Rico, el más viejo de todos nosotros, se me acercó y me dijo: «Tienes mucha suerte de estar vivo».

Naciste con un santo que te protege. Dios te protegió el otro día cuando corriste al instructor del gimnasio para darle una paliza. Por esa acción pudieron darte al menos dos años más de cárcel. Creo que lo único que te salva es que te conviertas a Cristo», me aconsejó.

Orígenes

¿Por qué actuaba yo de esa manera? ¿Cuál era el origen, la raíz de esta violencia? Nací en el Ingenio Angelina de San Pedro de Macorís, República Dominicana. De mis más remotos recuerdos, no olvido que siendo muy pequeño, mi abuelita decía: «Todos los niños gatean, usan chupete y luego caminan; pero mi primer nieto nunca gateó ni mamó chupete y, tan pronto pudo ponerse en pie, salió corriendo como que lo próximo era volar». Numerosas veces oí a mis seres queridos decir con humor y también con preocupación: «Este niño se convertirá en un gángster. Cuando cumpla quince años no habrá quien lo aguante, terminará en una institución correccional».

Como niño, me apasionaban los juguetes. Mi día favorito era el de los Reyes Magos, una fiesta navideña en la que los hijos de los padres que pueden reciben juguetes. A continuación explico la versión caribeña de esta festividad. En la víspera de ese esperado día, los niños ponen hierba y un vaso de agua debajo de su cama para que, supuestamente, los camellos de los reyes coman y beban, y así ganar su favor para que les pongan los juguetes pedidos a cambio de la hierba y el agua.

¡Qué desilusión sufrían mi amiguito Telo y sus tres hermanitos! Cuando despertaban, se lanzaban debajo de la cama para ver, como siempre, que los reyes les habían traído un uniforme escolar, color caqui. «Esos reyes no son buenos. Les dan muchos juguetes a ciertos niños y a mí ninguno», me decía Telo con gran desilusión.

Para él, sus tres hermanitos y otros niños, el «Día de Reyes» era una pesadilla; para mí era el más lindo de todo el calendario. Era mi favorito. El sonido de los trenes, carritos, pitos, flautas, cornetas, las luces y los colores de los juguetes me fascinaban. Pero los juguetes que solía pedirles a los reyes eran revólveres, rifles y ametralladoras. Además, los reyes eran tan buenos conmigo que aparte de dejarme juguetes en casa de mi abuelita, con quien vivía, también me dejaban otros en casa de papá y en casa de mi madrina. Eso pensaba yo, al menos.

Abuelo, mi primer modelo de violencia

Mi abuelo, Abigail Jiménez, era extremadamente cariñoso conmigo. Le oía decir en repetidas ocasiones: «De toda la familia, tú eres mi retrato. Eres igualito a mí. Por esto he decidido que seas mi heredero. Estoy rodeado de cuervos. Bien dice el refrán: "Cría cuervo y te sacarán los ojos". Tú y tu mamá Juanita, que es el retrato de mi madrecita, son mis únicos familiares. Los demás son cuervos». Luego sacaba su peine con un papel celofán y empezaba a tocarlo, como una armónica, con la melodía de su merengue favorito: «Juanita Morel, oye tu merengue. Entre las mujeres, tú eres mi derrengue. Lelolai lelola».

Solía andar conmigo llevándome de la mano, me enseñaba lo que era la vida, según él «para que nadie te meta cuentos». Un día en que había mucha gente fuera de los barracones donde vivían mayormente las personas de muy bajos recursos, como los cortadores de caña de azúcar, por ejemplo, caminábamos tomados de la mano, cuando de repente cambió su mirada, frunció el ceño y me soltó la mano bruscamente. «Vete a la casa, rápido, vete», me ordenó. Me dio mucho miedo. Olí el peligro. Por experiencia, a los tiernos cinco años de edad, sabía que se trataba de algún tipo de riña. Mi abuelo, se portó como «los feos» que veía cuando iban por sus machetes en el batey de Angelina. Corrí, pero no hacia casa de mi abuelita Tata, sino que me escondí debajo de los barracones, que eran casas grandes construidas sobre pilares de madera bastante gruesos. Agachado, debajo de los barracones, lleno de miedo, observé a mi abuelo y lo pude oír decir: «Te llegó la hora. Párate para que mueras como un hombre». Mi cuerpecito temblaba y, mientras lloraba desesperadamente, pude ver con mis ojitos llenos de lágrimas cómo abuelo halaba un cuchillo bastante largo y apuñalaba a su oponente hasta causarle la muerte.

De ahí en adelante todo cambió. Los mismos hombres que veía bajo las sombras de los árboles descansando o amolando sus machetes, azadas y mochas, estaban alarmados. Con machetes, palos y piedras en mano, amenazaban con empezar una revuelta mayor. Vi cómo venían los guardias campestres a caballo, disparando al aire. Mi abuelo fue encarcelado. El muerto fue llevado al cementerio bajo una ceremonia haitiana donde los hombres llevan el sencillo ataúd de madera sobre sus hombros mientras rumoran entre ellos algo como lo siguiente: «Mampote», «Uh, uh». «Mampote», «Uh, uh».

Durante este diálogo enérgico y profundamente emotivo, con una mezcla de gozo, pena y dolor, los participantes que dicen «Mampote», que quiere decir «Te llevo», dan dos pasos hacia el cementerio; y los que contestan «Uh, uh», que significa «No, no», dan otro hacia atrás, personificando al muerto que se niega a que le den sepultura.

No sé cuánto tiempo después pero luego presencié un segundo incidente violento. De lo que sí estoy seguro es que todavía era un niño de unos seis años. Un joven entró corriendo a casa del vecino. Yo vi cuando tomó furiosamente un cuchillo y salió de igual manera. Oí la disputa. Cuando logré salir al frente de la casa pude ver cómo el joven se aferraba a otro en una cruenta batalla. Cayeron al suelo en medio de la calle y mientras se insultaban, intercambiando palabras obscenas, el primer joven sacó su cuchillo y empezó a apuñalar al segundo, que intentó en varias ocasiones incorporarse, pero caía al piso sangrando, gritando y retorciéndose hasta morir.

Un sicólogo sistémico, probablemente, encontraría en estas experiencias la raíz de mi instinto criminal. Escuché a muchas personas, incluso de mi propia familia, decir acerca de mí: «Ese muchacho habrá que enviarlo a un correccional uno de estos días».

Desde muy niño, en la escuela, en los parques de diversión y en mi propia casa, solía pelear a los puños y, a veces, hasta con armas blancas con otros niños. Era muy amistoso por un lado, pero por el otro muy peligroso.

Conforme avanzaba mi proceso de socialización y crecía, nos mudamos a diferentes barrios de San Pedro de Macorís. Nuestra jornada seminómada terminó en el barrio Restauración. Allí, en una casa de tablas y palmas, que quizás era la tercera que se construía en la nueva vecindad, vivía mi abuela con su esposo Rafael, a quien yo le decía papá, mi tía Margarita, mi tío Barto con su esposa, sus tres hijos y los huéspedes no invitados que llegaban en burro, caballo o en carro, procedentes en su mayoría del campo de donde venía la familia Jiménez. Esta debió ser la razón por la que en el Ingenio Angelina bautizaron esta parte de mi familia con el diminutivo de «los muchos». Esta rama de mi familia tenía la habilidad de multiplicarse y de vivir diez bajo un techo diseñado para tres.

Mis primitos y yo peleábamos desde antes de lavarnos la cara en la mañana hasta después de lavarnos los pies para acostarnos. Peleábamos diariamente, pero nadie podía separarnos. Andábamos y jugábamos juntos. Aunque siempre peleábamos, si alguien ajeno a la familia se levantaba contra uno de nosotros, recibía una gran sorpresa. Sin reunirnos ni consultar si había razón o no, los atacábamos en grupo. Uno le tiraba una piedra, otro le pegaba con un palo y el que estaba cerca le acomodaba una mordida.

Telo, cuyos padres también emigraron de Angelina al barrio Restauración y dos años mayor que yo, era el primero que me defendía. En corto tiempo nos convertimos en líderes de una pandillita que hacía travesuras y peleaba contra los jóvenes de las demás vecindades. Nadie se atrevía a ir a La Guázuma, un árbol que estaba en la esquina de la bodega del barrio, la que frecuentábamos. En una ocasión, uno de nuestros contrincantes más peligrosos llegó con otros de su vecindad y se formó una pelea a piedras y palos que provocó que los vecinos nos despreciaran: «A esos muchachos, esos tigres, hay que mandarlos a la correccional antes de que se maten unos a otros».

Indudablemente, mi padre no sabía mucho de mí. Mi comportamiento era un tanto diferente cuando pasaba unos días con él y con mis hermanitos. Además, papá Rafael y mi tío Barto tenían que trabajar para sostener a sus respectivas familias. Mi mamá ya había empezado a viajar para Puerto Rico en busca de una mejor vida. Yo estaba prácticamente solo, como "un chivo sin ley". En el cuarto curso me suspendieron del colegio evangélico, ya que en los momentos de oración, aprovechaba que los demás niños cerraban sus ojos para pegarles en la cabeza fingiendo luego que estaba orando.

Efectos de un suicidio en el hogar

A medida que crecía presenciaba una tragedia tras otra; eso, inconscientemente alimentaba la violencia en mi ser. Una mañana, cuando todos estábamos en el patio de la casa, desayunándonos con pan y café, papá Rafael se acercó y se dirigió a mi primita Altagracia. Esta sufría de un reumatismo crónico que le causaba dolores tan fuertes que daba gritos que se oían en todo el vecindario. Él le daba cinco centavos cada día. Nunca se ha podido borrar de mi mente lo que le dijo:

—Toma estos últimos cinco centavos. Nunca más podré dártelos. Abuela Tatá se acercó y le preguntó con mucha preocupación:

—¿Por qué dices eso, Rafael Sosa?

El hombre enmudeció. Había que esforzarse para sacarle una palabra de su boca. Pero según era él de callado, así era mi abuela de insistente: —¿Qué dices, Rafael?

Desde el más pequeño hasta el más grande estaba atento.

—Ya no me verán más. Acabo de envenenarme, exclamó con mucha tristeza.

Todos nos lanzamos encima de él dando gritos.

—¿Qué has hecho, Rafael Sosa? ¿Qué has hecho?, repetía mi abuela Tatá angustiada.

Como a las once de la mañana y con la casa llena de gente, llegó la mala noticia: «Murió Rafael», informó desde su bicicleta Abelo, un vecino que venía del hospital. Los gritos aumentaron hasta que llegó Nerola, que supuestamente estaba tan conectada con «los espíritus» que no había misterio que no trajera a la luz.

«Rafael no se envenenó por esa deuda, como dicen. A él lo mataron con un trabajo muy bien hecho», dijo Nerola y prometió que mostraría en un vaso de agua el rostro de la persona que había vendido a Rafael a los espíritus. Enseguida escogió a unos diez hombres de la familia. Tomó el vaso lleno de agua y dio orden de que hicieran un círculo alrededor de ella. Allí oí a alguien decir: «Ya me sospechaba que había sido Tiritón, el haitiano. Así que morirá igual».

En ese instante, todos reaccionaron. Empezaron a proferir amenazas. A una mujer le dio un ataque de nervios: «Déjenme ver a ese asesino», clamaba con insistencia. Pero la hechicera afirmó desafiante con su metálica voz: «El que trate de acercarse lo revolcaré en el piso para que respete los misterios».

En lo que a mí respecta, amaba mucho a papá Rafael. Por otra parte, había visto tantas películas de bandidos y vaqueros que pensaba que cuando a un niño le mataban a su padre, debía prepararse para cobrar venganza en cuanto se hiciera hombre. Con ese pensamiento en la cabeza me lancé apresuradamente hacia el círculo de hombres que impedía que se viera el rostro del supuesto asesino; pero tropecé, caí al piso y sentí todas las miradas sobre mí.

La hechicera se me acercó con el vaso en una mano. Con la otra me señaló y me dijo con esa voz metálica que detestaba: «A este muchacho hay que resguardarlo; si no morirá con los zapatos puestos».

Violencia en el barrio Restauración

Un tiempo después, peleaban dos jóvenes mayores que yo. Tendrían unos quince años de edad. En las ciudades, por lo general, ridiculizan mucho a los campesinos. Esta vez el campesino ridiculizó a su oponente delante de todos frente a La Guázuma. Los demás se burlaban de la manera en que el joven campesino le daba una lección de boxeo al otro. Terminada la pelea, el padre del joven agredido, tal vez avergonzado, llegó a La Guázuma con un policía. El papá del campesino llegó unos minutos después y el policía le dijo que entregara su cuchillo, a lo que este se negó. El policía se enojó mucho y sacando su revólver amenazó, gritando: «Suelta el cuchillo o te disparo, viejo estúpido».

En ese momento, llegó un segundo agente policial y sin titubear, aunque el padre del campesino permanecía controlado a unos cinco metros de distancia, hizo un disparo que le alcanzó el área abdominal. El viejo se tambaleó y cayó al piso. La gente reaccionó y empezó a protestar contra tan cruel acto de barbarie. En ese momento deseé profundamente salir volando en un avión a un lugar tan distante como Nueva York.

«Si alguien se mueve, lo quemo con todo este barrio», amenazó el policía que disparó, apuntando a casi todo el mundo con su revólver. Yo estaba detrás de un poste de electricidad, llorando y con el corazón rompiéndoseme en trizas. Me invadió una ira tan grande que anhelé tener un revólver de verdad para dispararle al agresor. De repente vi al viejo incorporarse hasta arrodillarse, pero ahora con el cuchillo en su mano derecha. El policía se le acercó y le ordenó, diciendo: «Suelta el cuchillo». A lo que el anciano, retorciéndose de dolor, respondió: «No he violado ninguna ley. Prefiero morir como un hombre». Lo que ocurrió luego también marcó mi vida por mucho tiempo. El policía, fríamente, remató al viejo con un segundo disparo: «¡Bang!» Así comenzó a nacer en mí un rechazo profundo hacia las autoridades policiales.

3 Rascacielos

¡Qué diferente era Nueva York a San Pedro de Macorís! Aunque aquella era una ciudad muy famosa y en Macorís todo lo que tenía sello de Nueva York era mejor que lo criollo, sentía que me habían privado de mi libertad. La tristeza me agobiaba. Extrañaba tanto la libertad que disfrutaba en mi pueblo. Aquí los parques eran muy limpios y ordenados, todas las calles estaban asfaltadas; diferentes a las polvorientas de Macorís. Los rascacielos como el edificio Chrysler de ochenta y siete pisos y el Empire State de ciento dos, eran impresionantes; sin embargo, mi fantasía era regresar a la vieja casita de tablas de palma. ¡Cuánta falta me hacían mis amiguitos, mis hermanitos y mis primitos! Me sentía solo.

Prefería la patineta de madera y ruedas de hierro que hice con mis propias manos a la bicicleta que mi madre me había regalado. Esta tenía que montarla con la supervisión de algún adulto; mi patineta la corría siempre con más de un amigo. Aunque mi madre y mi padrastro me daban mucho amor, me sentía aburrido en casa. ¡Como un pajarillo enjaulado!

Mi familia se burla de los evangélicos

Cierto domingo mi tío, el pastor Antonio Jiménez, me llevó a la iglesia. Cuando entramos al templo había algunos hombres orando en voz alta, arrodillados, frente al altar. Uno de ellos se puso en pie y se me acercó, me abrazó y me llevó al altar.

Cuando empezó a orar por mí, se acercaron otros alrededor y pusieron sus manos sobre mi cabeza, hombros, espaldas y hasta en los pies. Todos oraban en voz alta. Uno de ellos alzó la voz entre los demás, y con voz llorosa, dijo: «¡Este niño es de Dios! Este niño es de Dios, hermanos. Este niño tiene un llamado grande de parte del Señor!»

Cuando regresé a casa encontré a varias familias amigas de mi madre. Jugaban bingo, bailaban e ingerían cerveza, otras bebidas alcohólicas y, por supuesto, fumaban hasta que los ojos me ardieron de tanto humo que había en el pequeño apartamento. Ese día mi padrastro tuvo una gran borrachera. Me recibió en la puerta y fijó sus ojos en mí.

«Cuidado con dejarte lavar el cerebro de tu tío el pastor. Ese que se acostó con muchísimas mujeres y que bebió tanto alcohol, ahora quiere que todo el mundo se convierta», se burló mi padrastro Delfín.

El siguiente domingo, cuando mi tío pasó por mí para llevarme nuevamente a la iglesia, yo no estaba; mi madre y mi padrastro me dijeron que era mejor que fuera al cine. Para ellos la película era menos dañina que la iglesia. Cuando mi madre le informó a mi tío que yo estaba en el cine, él se conmovió sobremanera y, señalándola con el dedo índice de su mano derecha, le dijo: «Has cometido el error de tu vida. Llorarás a Salvador con lágrimas de sangre por muchos días. ¡Juanita, ese niño es del Señor!» Al regresar del cine, mi padrastro contaba este incidente burlándose de tío y del 'aleluya' hipócrita.

Béisbol en Nueva York

Según pasaban los días me acostumbraba a mi nuevo estilo de vida. Hice muchos amigos en la escuela y también en los estadios de béisbol, que era mi deporte favorito. Desde que empecé a jugar pelota en Macorís me sobraron los amigos. Cuando alguien tenía la oportunidad de escoger primero para formar su equipo, siempre me elegían. Empecé a jugar como la mayoría de los niños de mi pueblo: bateando piedras o bolas de trapo y atrapándolas con guantes de cartón o de tela gruesa como la lona. En mi primer juego infantil organizado, pude dar dos cuadrangulares, sacando la bola de un parque adyacente al Estadio Tetelo Vargas, donde se juega béisbol profesional en San Pedro de Macorís. Mi sueño era llegar a jugar en las ligas mayores y ser un pelotero profesional como Roberto Clemente, Willie Mays, Mickie Mantle o Rico Carty, que era el héroe de casi todos los macorisanos. Quienes me conocían sabían de mis habilidades beisbolísticas y de mis sueños en el Parque Central de Nueva York, sin embargo, la realidad presentaba un gran desafío. Cuando empezaron a escoger los equipos, a pesar de tener ahora un guante nuevo, no fui elegido por ninguno de los capitanes. Finalmente, cuando se presentó la necesidad de otro jugador, entonces me llamaron a jugar: «Chiquitín, vete al 'right field'». Después del primer juego no tuve problemas para jugar en segunda y tercera base o short stop que eran mis posiciones regulares.

Un día que practicábamos para el juego de las estrellas, olí que algo se quemaba. Le pregunté a mi amigo Furia: «¿Por qué aquí casi siempre huele como que algo se quema?» Él me contestó: «Es que están fumando hierba». Yo había visto a varios hombres adultos fumando, pero como ahora se trataba de compañeros de béisbol, decidí satisfacer mi curiosidad. Me acerqué al grupo y pude notar que fumaban con mucho gusto. Tenían los ojos muy pequeños, color rojo vivo y se reían a carcajadas: «No te quedes con el tabaco, pásalo», dijo uno. «¡Qué nota tengo!», gritó otro. «Esta hierba está de película», conversaban entre sí.

El segundo año de temporada que jugué en el Parque Central de Manhattan, el equipo contrario descuidó su bolsa de bates, guantes y pelotas. Un compañero de equipo que tenía fama de pillo, me dijo: «Si nos llevamos esa bolsa, tendremos muchos guantes, bolas y bates». Vi su sugerencia como una aventura y para mostrarle a él y a los demás compañeros de equipo que también era bravo, tomé la iniciativa. Nos llevamos la bolsa y repartimos el botín en la Calle 108 y Avenida Columbus que, para ese tiempo, era la guarida de los pillos juveniles.

Otro día mi amigo Rony y yo andábamos por esa misma vecindad cuando un autobús interestatal se detuvo a esperar el cambio de luz del semáforo. «El que se atreva a sacar un bulto del baúl del bus es el más bravo», desafió Rony. Ambos salimos corriendo a toda velocidad. Llegué primero, abrí la gaveta de las maletas de donde extraje un bulto. «Un ladrón, un ladrón», gritaba la gente dentro del autobús. Cuando el chofer logró salir a ver de qué se trataba, era tarde. Rony y yo íbamos doblando la esquina de la Calle 108 y Avenida Columbus. Luego vendimos una cámara que había en el bulto y a cambio compramos una bolsa de marihuana por cinco dólares.

A esa vieja no se le iba una

Mis fechorías se cumplían según pasaban los días. Una amiga de mi mamá me sorprendió varias veces en ellas. Pensaba que esa vieja entrometida debía ser bruja; me salía hasta en la sopa. Cuando empecé a fumar cigarrillos, fue ella quien me descubrió. Si faltaba a la escuela para citarme con una joven amiga, ese día se aparecía en casa con alguna excusa y si me descuidaba, husmeaba mi cuarto para ver quién me acompañaba. Cuando peleaba con alguien en la vecindad, ahí estaba ella. Por último, mi mamá me preguntó muy preocupada: «Hijo, me dice mi amiga Agripina que tú y Rony fuman hierba. Si sigues así tendré que enviarte a la isla para que tu papá te arregle».

Esa Agripina me agotaba la paciencia. Cuando la familia estaba en casa después de las horas laborales o en días de fiesta, se aparecía ella. Los ojos de mi padrastro Delfín y su hija Miriam; Margot, mi tía; abuela Tatá; mi madre y cualquier otro visitante, se mantenían fijos en ella, que sabía ganarse la atención de la gente. Cuando todos estaban atentos, empezaba a lanzar indirectas, diciendo que la juventud estaba perdida. Después de referirse por lo general al tema de las drogas, el sexo prematrimonial y la violencia, entonces hacía su aplicación indirecta y decía: «Yo no digo esto por Salvador, sino por todos los jóvenes de hoy; que no son como nosotros. En nuestra época había respeto».

Yo, por mi parte, me negaba desmintiendo todo lo que Agripina decía. Además, las amenazas de enviarme de nuevo a la República Dominicana, a casa de mi padre, no impidieron que hiciera lo que quería; al contrario, me convertí en un hipócrita profesional. Indiscutiblemente, no quería vivir de nuevo fuera de la gran ciudad de Nueva York. El que había llorado por regresar a San Pedro de Macorís, ahora hacía lo imposible por quedarse.

Rony y yo nos convertimos en bailarines. Cada fin de semana estábamos en una discoteca o en algún tipo de fiesta. Para mantenernos a la moda, «tirando tela» como decíamos, aprendimos a presionar a nuestros padres y si no nos resultaba entrábamos a las tiendas y sacábamos ilícitamente nuestra ropa predilecta.

—Hay una tremenda fiesta en el Bronx —me susurró Rony mientras el tren corría— nos vamos a gozar.

Algo raro había en eso. Mientras estábamos sentados en la lujosa sala a media luz, salió una vedette bailando semidesnuda. «Parece homosexual», pensé mientras me daba otro trago y saboreaba el tabaco de marihuana.

—Esta gente es toda del otro lado —secreteó Jovany, el más joven de los tres— me parece que hemos caído en una trampa. Después de un rato de estar bebiendo vino fino y fumando marihuana empezaron las invitaciones directas.

—Entra al cuarto conmigo, Negro —me invitó el que más había hablado conmigo hasta ese momento; empezó a atacarme un sabor amargo como si estuviera a punto de ingerir una sustancia venenosa. Después de rechazarlo la primera vez vino otra invitación, con el mismo resultado.

—No estás en nada, moreno —atacó de nuevo.

—Abre la puerta, me voy —dije de repente echándole mano a gran parte de la droga que estaba en la mesa de cristal. La metí en mi bolsillo de una manera desafiante. Hice creer que sacaba un arma. Súbitamente, salieron mis amigos de los cuartos donde estaban.

—¿Qué pasa?

—¡Vámonos de aquí ahora mismo —dije mientras aprovechaba que la puerta estaba semiabierta.

Mi familia estaba muy preocupada por mi actitud. Abuela Tata en una ocasión «tiró las barajas» y me dijo: «Tienes unos amiguitos muy malos; de seguir como vas, harás que me muera del corazón».

Mi mamá buscaba desesperadamente un cambio en mi vida. Por eso se mudaba con frecuencia. Ella decidió mudarse a Boston, Massachusetts, donde vivía otra parte de la familia Jiménez. Naturalmente tuve que irme en contra de mi voluntad. La mudanza fue inmediata, como si huyéramos de alguien.

Problemas donde se tenía esperanza de paz

En Boston, tía Luisa nos ayudó a conseguir un bello apartamento. Como no conocíamos a nadie más que a Luisa, pasábamos casi todo el tiempo en su casa. Los pocos hispanos que vivían en el sector de Dorchester y los que llegaban de visita procedentes de Nueva York se reunían allí. Casi todos los fines de semana y los días festivos en casa de Luisa ocurría alguna discusión fogosa o pelea a causa de las múltiples borracheras. La casa de la armonía se convertía en una barra de discordia. En una ocasión, después que la gente se despidió, Luisa nos llamó dando gritos a Chino, mi primo y a mí: «Corran que me mata». Allí estaba Rito, riéndose mientras le daba puños al estilo de un boxeador que se burla haciendo muecas mientras lanza golpes a todos lados.

«Tira, Luisa, lanza», decía mientras se movía de un lado a otro pegándole puñetazos. Cuando intentamos separarlos, Rito nos lanzó a nosotros también. Cometió un grave error. Chino y yo le dimos tremenda golpiza. Rompimos todo lo que era de cristal. Ningún mueble quedó en su lugar.

«Denle duro a ese abusador, denle duro», agitaba Luisa.

Al siguiente día, Rito se apareció en casa pidiéndonos perdón. Era un buen hombre. Chino y yo nos llevábamos con él mejor que con otra persona, pero la borrachera lo transformó.

En la nueva escuela empecé a tener problemas desde el primer día. Puesto que era de Nueva York, y naturalmente vestía como tal, esto pareció causarle celos a una pandilla local. Empezaron las miradas y los desafíos. A los dos o tres meses de asistir a la escuela, tuve un problema con el jefe de la pandilla y decidí actuar. Para ese tiempo yo había conocido a un hombre de Nueva York, llamado Pedro Colón. Tenía fama de hombre bravo. Se había batido a tiros con la policía en la 108 y la avenida Columbus. Los demás delincuentes de Nueva York que lo visitaban en Boston lo respetaban. Pedro era delgado, de unos sesenta kilos, un metro setenta de estatura. «Lo tumbé para que no te falte el respeto. No permitas que nadie te lo falte delante de la gente», me dijo minutos después de tirar al piso de un solo puño a un rufián que insistía en piropear groseramente en mi propia cara a mi hermana Miriam. Aunque Pedro tenía treinta y dos años, dos veces mi edad, me trataba con respeto y me enseñaba muchas cosas callejeras. Así que le confié que una pandilla me esperaba al día siguiente en la escuela. Él decidió acompañarme.

Cuando me acerqué al grupo de estudiantes que se preparaba para empezar su día escolar, pude ver al hombre que buscaba. Sin titubear, saqué mi cuchilla. Se armó una corredera, muchos gritaban, pero dos o tres miembros de la pandilla parecían haber estado esperando ese momento. Tan pronto empezamos a lanzarnos puñaladas, apareció Pedro Colón balanceando un tubo de hierro con la mano. En medio de los gritos y la confusión de la gente, Pedro me gritó: «Vámonos, antes que venga la jara (policía)». Efectivamente, cuando salimos a toda velocidad de la escuela, la policía nos pasó por el lado rápidamente.

Pedro Colón me aconsejó que regresáramos de inmediato a Nueva York ya que podíamos parar en la cárcel. Llamé a mi mamá tan pronto llegué a la gran ciudad. Me rogó, por amor a ella, que me hospedara en casa de Agripina. Cedí. No quise aumentar su dolor. Semanas después ella decidió regresar a Nueva York.

Después de superar las tácticas dilatorias de la burocracia del sistema escolar, me aceptaron de nuevo en la escuela superior de Brandeis. Aunque nunca descubrieron el incidente de la escuela de Boston, pronto surgieron otros encuentros similares allí. Usar los palos chinos de las artes marciales o uno de golf así como sacar una cuchilla 007 se convirtió en algo normal para mí y mis amigos.

«No le des la espalda a nadie», me aconsejaba Pedrito, «siéntate con la espalda contra la pared y los ojos alerta para que nunca te agarren por sorpresa. Golpea antes, que el que lanza primero tiene el pleito ganado».

Pero Pedro Colón se confió de un amigo luego de un atraco. La avaricia pervirtió la lealtad de este al jefe, y murió fulminado por los repetidos balazos traicioneros que traspasaron su espalda. «A mí no me sucederá eso. Moriré peleando de frente», pensaba en mis momentos de silencio.

Expulsión del departamento de música de la escuela

Mi amigo Juan, que se había graduado el mismo año que yo de la escuela intermedia Booker T. Washington Junior, ahora asistía conmigo a la escuela superior Louis D. Brandeis. «Tengo bastante de la rubia que durmió a King Kong», se jactó por la marihuana que vendía. Me invitó para que al día siguiente me reuniera con él y otros estudiantes que también se habían graduado de la escuela intermedia con nosotros.

Esa mañana nos reunimos en el Parque Central, en la vecindad de la calle ochenta y pico, unas cuadras cerca de la escuela. Entre los árboles, sobre una roca, empezamos a fumar hasta que para mí el panorama empezó a cambiar. Repentinamente, el sol mañanero se tornó más brillante, el cielo más azul, los árboles más verdes que nunca; conclusión: ¡El parque era un paraíso! Estallé en una carcajada incontrolable. Sentía como si alguien frotaba con sus dedos mi abdomen, provocándome unas cosquillas irresistibles. Poseído de esa risa, me burlé del gordo Nordic: «Te pareces a King Kong. Cuidado que ahí viene Tarzán de los monos... ¡Ja, ja, ja!» Aunque medía un metro ochenta, casi seis centímetros más que yo, el arrebato me hacía sentir más grande y fuerte que él y que mis otros dos amigos. Salimos del parque hacia la escuela mientras nos burlábamos de todo lo que pasara cerca de nosotros.

Finalmente, cuando llegué a mi clase, me reí del bigote de brocha de mi maestro, de sus espejuelos con fondo de botella y de su traje de Charlie Chaplin. Se le veía el miedo en el rostro. No supo qué hacer; apenas pudo cumplir con su clase tratando de pasar por alto mis interrupciones y chistes de mal gusto. En mi segunda clase no sucedió lo mismo. El maestro de música me miró fijamente a los ojos y me reprochó: «Señor Sabino, si sigue así, no terminará bien. Le irá muy mal».

Traté de disimular tocando mi trompeta, pero el maestro aún no terminaba: «Esos ojos colorados con esa risa de payaso quiere decir mucho. Si continúa así, la cárcel es inevitable». Entonces le respondí: «Mira viejo, a mí no me interesan tus sermones, yo soy un hombre y hago lo que quiero». Me levanté del asiento y caminé hacia él, que se preparaba para dirigir la sinfónica escolar, y lo amenacé: «Esta trompeta te la puedo doblar en la calva, si sigues maldiciéndome».

En ese momento entraron los guardias de seguridad y me sacaron violentamente del salón de música. Me llevaron a la oficina del decano quien, ya irritado conmigo, me suspendió por varias semanas y me expulsó del departamento de música.

Sentía que mi vida estaba cambiando. Desde muy pequeño, había aprendido a no levantarle la voz a ningún mayor de edad; me enseñaron a «respetar las canas». Sin embargo, me encontraba violando ese principio tanto dentro como fuera de la casa. Algunas personas que me consideraron noble en un tiempo, se acercaban a mí con mucho amor y me aconsejaban. Maestros, amigos y diferentes miembros de la familia me llamaban, me apartaban a un lado, me sentaban para conversar, pero yo no escarmentaba. Los únicos minutos de paz que tenía era cuando pasaba por la mueblería donde trabajaba mi amigo Modesto Cruz. Allí pasaba horas solfeando música y soñando casi todas las tardes. «¿En verdad quieres ser trompetista?», me preguntaba Choclo Menta, «tendrás que sacrificarlo todo para lograr ser bueno, si no serás uno más del montón».

Me dediqué más a la música. Pasó un año de la temporada beisbolística y no jugué para el equipo de la escuela ni con el que supuestamente jugaría ese año en el Parque Central en la Liga Juan Conde.

Frustración por no llegar a Grandes Ligas

Mi gran pasión fue ser pelotero de Grandes Ligas, algo que ahora era prácticamente imposible. Llevaba ese deporte en mi corazón. Amigos con mucho talento deportivo firmaban para jugar profesionalmente y yo no. Tampoco logré llegar a las mayores. Además, mi estilo de vida, se ajustaba más a mi nueva meta. Fumar cigarrillos, usar drogas, beber alcohol, bailar toda la noche, eran prácticas nefastas para los jugadores de béisbol. Para un trompetista como yo, sin embargo, eso era muy normal. Leopoldo, a quien llamábamos Furia, Iván Jordan y Frank Spies, entre otros que jugaban béisbol conmigo, eran muy diferentes de mis nuevos amigos de los clubes nocturnos y discotecas.

En cierta ocasión, me buscaron y me pidieron que jugara con su nuevo equipo: «Salva (así me decían), el equipo es bueno, pero perdimos los primeros cuatro juegos porque nos hace falta una buena segunda base y un tercera que no le tenga miedo a la bola. Necesitamos también refuerzo en el bate. ¡Te necesitamos!» Con tanto halago y ganas de jugar no pude negarme. El día de las prácticas me decepcioné. De diez roletazos, creo que atrapé uno o dos y hasta eso lo hice con mucha inseguridad. En el bate, jugué un poco mejor, pero no impresioné al nuevo entrenador. Además, cuando me tocó correr, allí estaba mi amigo Leonardo Sisa, que jugaba pelota desde San Pedro de Macorís y ahora entrenaba a otro equipo. Como no me deslicé, llegando a segunda base, me gritó: «Así hacen los peloteros vagos. Quiero verte comer tierra la próxima vez».

Desde que empecé a jugar nuevamente, me sentí mucho mejor. Comencé a reunirme con mis antiguos amigos del béisbol. Por lo general, como era verano, nos juntábamos frente a un edificio accesible a la mayoría y ahí hablábamos del juego pasado y del béisbol en general. Si nos invitaban a alguna fiesta, no pasábamos de beber una cerveza y regresábamos a nuestros hogares suficientemente temprano como para estar frescos la mañana siguiente para jugar el próximo partido.

Nuestro equipo, Estrellas Dominicanas, era quizás el primero de los 'dominicanyorks' (como llaman a los dominicanos que viven en Nueva York), en la historia de esa ciudad. A pesar del nombre del equipo, no todos sus integrantes eran dominicanos. En realidad, había algunos peloteros de otras naciones. Cuando entramos a los juegos finales, la tensión aumentó. Estábamos muy entusiasmados. En el tercer juego de esa última serie de siete juegos conecté un triple. Furia, que era el capitán del equipo y a quien le tocaba el turno al bate, me indicó con una señal que haríamos un 'squeeze play', o sea, un toquecito a la bola para que yo corriera de tercera al plato y así anotar otra carrera. ¡Qué sorpresa nos llevamos! El otro equipo descubrió nuestra estrategia. El lanzador lanzó una 'bola fuera' y me sorprendieron a media base. Al receptor tomar la bola y prepararse para lanzarla a tercera, yo giré rápidamente entre tanto la bola pasaba por encima de mí, que corría hacia el plato a toda velocidad. A solo unos pasos de la meta, me lancé de cabeza como un nadador, logrando tumbar al receptor. Lo último que oí fue 'quieto' junto al vocerío de los fanáticos. Lo próximo que ocurrió fue que alguien del otro equipo me dio un batazo en la espalda. Cuando pude reaccionar y ver lo que sucedía me aterroricé. Los dos equipos estaban envueltos en un combate masivo. Un compañero de escuela llamado Pepe el Boricua, corría tras varias personas pegándoles con una especie de látigo oriental. Cada vez que él daba un latigazo, alguien gritaba y sangraba.

Mientras peleaba cuerpo a cuerpo, con bates, piedras o cualquier objeto que encontrara, pude ver al entrenador del equipo contrario bañado en sangre. Uno de nuestros peloteros lo había herido de un batazo en la frente. Él había sido mi entrenador; era un hombre de bien que se dedicaba a ayudar a la juventud a cambio de ninguna otra cosa que darle esperanza. Me le acerqué con otros peloteros y no permitimos que más nadie le faltara el respeto.

Cuatro miembros de una pandilla famosa que estuvieron buscando pleito desde antes de esa ocasión, empezaron a retar a los peloteros de nuestro equipo. Repentinamente, se oyeron varios disparos. Eran Mory y el Hippie, dos jóvenes de nuestro vecindario que ya se habían iniciado en la carrera criminal. Como siempre, los disparos causaron confusión. La gente corría por todos lados. Según corría rumbo al oeste del Parque Central, pude oír cuando algunos decían: «Ahí viene la policía».

La próxima vez que fuimos al parque nos dieron la noticia de que los dirigentes de la liga y la división clase A, nos habían suspendido indefinidamente y habían declarado campeones del año 1975 al otro equipo.

Yo me crié en los parques de béisbol, crecí con un bate en la mano, amaba ese deporte más que la comida. Lo jugué en patios y callejones, con pelotas de trapos, con guantes de cartón y con bates hechos de cualquier palo. Mi sueño desde niño era convertirme en un buen jugador de las Grandes Ligas. Aunque en Nueva York, tenía todas las condiciones y posibilidades para jugar: guantes, bates, uniformes, etc., cada año que pasaba, la desilusión era mayor y con esa triste despedida, mi sueño moría.

Cambios

Me dediqué de todo corazón a la música. Al graduarme de la escuela, decidí no asistir a la universidad porque no deseaba continuar una vida académica, sino artística. Mi mamá trató de persuadirme de todas las maneras posibles. Mi padre me llamó desde la República Dominicana. Muchos de mis amigos también trataron de convencerme, pero todo fue en vano. Por último, la condición que mi mamá me puso fue que de no asistir alguna universidad, entonces tenía que buscar un trabajo. Alguien me informó que una fábrica estaba empleando para distribuir corbatas a diferentes tiendas y empresas. Varias semanas después me enviaron a hacer una entrega, en eso me encontré con un amigo y empezamos a fumar marihuana, perdí la noción del tiempo y cuando regresé a la fábrica con dos horas de retraso, me despidieron.

En una segunda fábrica, me enojé porque el jefe maltrataba a los inmigrantes. También un trabajador que sabía que había ilegales trabajando en dicho lugar, se burlaba aprovechando los momentos de silencio para vocear a todo pulmón: «Inmigración». Ese grito hacía que los ilegales salieran corriendo a esconderse para evadir que los regresaran a sus países de origen. Unos días después de empezar a trabajar allí, mientras el jefe daba órdenes con un tono de desprecio, tomé mi trompeta y caminé hacia la puerta, cuando lo oí gritar: «¿A dónde vas?» Salí de aquel lugar sin mirar atrás.

Yo trabajaba por compromiso pero lo que anhelaba eran los momentos que tenía para practicar con mi trompeta. Tan pronto mi familia se mudó a la vecindad de la Calle 137 y Broadway, formamos una banda juvenil llamada Los Intocables. Ensayábamos cualquier día de la semana y a cualquier hora. Teníamos mucho entusiasmo; verdaderamente éramos como una familia. Residíamos entre los vecindarios de Washington Heights. Celebrábamos fiestas en sus calles. Muy pronto llegaron a conocernos y querernos tanto, la gente de esos sectores, como también los músicos renombrados que comentaban nuestro talento. Llegamos a alternar con El Gran Combo, Wilfrido Vargas y Los Beduinos, Héctor Lavoe, Pete el Conde Rodríguez, Chino y su Conjunto Melao, entre otros. Cuando comenzamos nuestra primera grabación, todo empezó a cambiar. La mayoría no solo fumábamos marihuana e ingeríamos alcohol hasta emborracharnos; consumíamos cocaína, heroína y cualquier clase de pastillas. Muchos de los músicos más famosos de las orquestas prominentes de salsa, se embriagaban con nosotros; otros más experimentados nos advertían que si seguíamos consumiendo drogas, nuestra carrera musical sería un fracaso.

El día que cumplí veinte años me propuse la meta de fumarme veinte tabacos de marihuana; o sea, uno por cada año. El resultado fue que Manny, nuestro timbalero, y otros del grupo tuvieron que sacarme de detrás de un edificio y llevarme cargado a mi casa. Así sucedió con otros de los muchachos de la orquesta. Unos fuimos presos por la droga, varios por el alcohol y otros fueron más sabios, siguieron el consejo de los músicos maduros.

Al mismo tiempo que tocaba con la orquesta Los Intocables, empecé a trabajar con Rubén en una fábrica de correas. Un día que falté al trabajo, un hombre que guiaba un auto Lincoln Continental del año, le dijo a Rubén: «¿Te gustaría ganarte quinientos dólares a la semana?» El siguiente sábado, Rubén y yo nos reunimos con el soviético Jarl Cocovic junto a su asociado

Pablo Pérez. En una presentación de la empresa Futuristic Foods, se nos retó a hacer una inversión de quince mil dólares y se nos garantizó que en menos de un año seríamos tan ricos como los demás compradores de franquicias. Convencimos a nuestros padres para que nos prestaran mil quinientos dólares a cada uno y así unirnos a la compañía como propietarios de una quinta parte de una franquicia. Luego, recibimos un entrenamiento en el que se nos presentó el plan para vender franquicias. Los vendedores de franquicias eran propietarios de los carros y las casas grandes. Sus comisiones superiores a los cien mil dólares anuales alimentaron nuestra ambición a tal grado que empezamos a vender franquicias antes de terminar el entrenamiento.

Unos meses después, según ascendía en la compañía y empezaba a trabajar directamente bajo un ejecutivo de los más prominentes, este me informó que muy pronto los agentes del gobierno, la asociación de empresarios y el fiscal general del estado llegarían a formular acusaciones contra los fundadores y líderes de esa empresa. Así que hablé con mi amigo Pablo Pérez y le informé que estaba muy frustrado porque descubrí que la compañía era fraudulenta. Además, siempre lo sospeché; ya que los líderes máximos, los más ricos, a menudo me preguntaban acerca de la mejor cocaína. Salían en sus Lincoln Continentals, Cadillacs y Mercedez Benz a negociar así como también a practicar lo indebido.

Pensé que a los veinte años de edad era muy tarde para empezar de nuevo. Así que en ese momento de desesperación acepté la propuesta de atracar a un encargado de pagos que solía llevar consigo más de setenta y cinco mil dólares cada viernes. Sin embargo, el día del atraco solamente llevaba cinco mil dólares en el sobre que le quitamos, según el reporte policial informado a los periodistas. Aprendí luego que la mayoría de las fechorías en su etapa de planificación son perfectas y fáciles. Según el plan, todo lo que había que hacer era ir a Seacaucaus, Nueva Jersey, «sorprenderlo tan pronto llegara en su automóvil y el dinero sería nuestro».

Finalmente llegó la hora de la libertad

El plan falló y, por supuesto, debido a ese robo a mano armada estaba en la prisión correccional de Bordentown, Nueva Jersey. En mis momentos de reflexión, la negatividad invadía mi mente. Los antecedentes criminales me limitarían las muchas oportunidades que la sociedad brinda. Me hubiera gustado ingresar a una universidad de música, pero ¿quién me emplearía con antecedentes criminales? ¿Quién confiaría en mí? Además, si algo debía suceder con mi vida, sentía que el tiempo se escapaba de mis manos sin poder hacer mucho. Hasta en la escuela primaria aprendí que el tiempo es oro. Como si fuera poco, recuerdo que el día que salí bajo fianza de Hudson County Jail, fui a casa de Tony, un amigo músico de Los Intocables. Su madre se me acercó, mirándome fijamente a los ojos y dijo, con mucho disgusto: «Juventud, divino tesoro malogrado».

De todos modos, aunque saliera de la prisión de Bordentown con un récord criminal, mi vida no terminaba ahí; también aprendí que cada situación negativa trae consigo una semilla de éxito. Aunque hacía poco que cumplía los veinticuatro años de edad, no me daría por vencido, tenía toda una vida por delante y además la victoria no es de los ligeros sino de los que terminan la carrera.

Llegaba la hora de mi partida. Había contado cada día, pero ahora la cuenta era diferente. Los demás presos cercanos a mí, al levantarnos me decían: «Sabino, cincuenta días y una despertada». A la mañana siguiente: «... cuarenta y nueve y una despertada», y así sucesivamente, hasta el día de la despertada. Finalmente, llegó ese momento tan esperado. Me llevaron a un salón que veía por primera vez. Me entregaron el traje que me trajera mi madre. Me quité la ropa de preso y me vestí de paisano. Hacía tiempo que no me sentía así. Por un lado estaba inquieto debido al tiempo que tomaban los oficiales en el procedimiento y la firma de papeles, quería irme. Por otro lado, tenía un nudo en la garganta. Por amor a mis compañeros de presidio, quería quedarme. No obstante, la preferencia humana desequilibraba la balanza a favor de mi libertad. No había otra alternativa que partir.

Cuando traspasé la puerta de salida recordé que los presos más experimentados me advirtieron al despedirme: «Si miras hacia atrás al salir de aquí, volverás. No te atrevas a voltear». Nunca fui muy supersticioso. Pero al oír el bullicio de los presos pronunciando mi nombre, aunque el guardia correccional me ordenó que caminara directo al automóvil de unos amigos que me esperaban, tuve que detenerme y voltear a mirarlos. A la distancia, entre los barrotes de hierro, logré ver la silueta de algunos de los presos que me acompañaron todo un año. Me despedían diciendo adiós con sus manos, batiendo paños blancos que sacaban entre aquellos barrotes que ahora inevitablemente nos separaban. Pensé que algún día vería a algunos mientras que a otros quizás nunca sabría de ellos. Así son las despedidas de los hombres de la calle. Ellos quedaban presos. Sin embargo, ahora yo estaba libre.

5
Libre

¡Qué sensación tan emocionante! Mientras más nos acercábamos a la gran ciudad de Nueva York, más libre me sentía. Nunca había visto el Empire State Building ni ningún edificio neoyorquino tan hermoso como ese día. Es más, todo era precioso: las calles, la gente, hasta el terminal de autobuses de Time Square no perdía su belleza a pesar de algunos drogadictos, borrachos o desamparados que usaban su acera como cama, ¡todo lo veía lindo! Cuando salí de la oficina de «libertad bajo palabra» y llegué a mi casa en la Calle 139, entre Broadway y Riverside, en Manhattan, consideré que indiscutiblemente esa vecindad era también parte muy importante del paraíso que percibía. Alguien dijo, con mucha razón, que la belleza está en el ojo del que la observa. La vecindad que quería abandonar so pena de arriesgar mi futuro, ahora parecía un jardín en primavera ante mis ojos de hombre libre.

Aquella tarde fría del 20 de enero de 1981 estaba más fresca que los bellos atardeceres tropicales adornados por la suave brisa producida por las olas del mar, las palmeras y demás árboles frondosos. Esa misma tarde, mis amigos celebraron una fiesta de bienvenida en honor a mi libertad. El Lento me regaló un revólver niquelado, calibre 38 especial Smith & Wesson, y suficiente cocaína para todos. Mechi llevó dos litros de cógñac y los demás aportaron lo que creyeron que alegraría el momento.

Cuando, al fin, llegó mi madre después de un arduo día de trabajo, la fiesta fue muy diferente. Casi toda la familia pasó por casa esa noche. La mayoría de los regalos eran consejos para que me abstuviera de toda actividad ilegal. Así de diferentes como esas fiestas, eran los dos mundos que tenía por delante. Lamentablemente el mundo que me ofrecía la vida callejera me atraía más que el de la vida familiar.

Trabajando con delincuentes disfrazados con saco y corbata

A los tres días de salir de la cárcel me reuní con mi amigo Pablo Pérez, que me invitó a la nueva compañía Gemstones, de la que era vicepresidente. Me informó que después de salir de Futuristic Foods, la compañía en la que trabajamos juntos, se dedicó a la venta de piedras preciosas. Por unos días, estuve visitando los lugares de Nueva York donde se llevan a cabo la mayoría de las transacciones de las piedras preciosas más costosas del mundo. El hotel Vía Brasil de Manhattan hospeda a la mayoría de vendedores y distribuidores. Rápidamente pude aprender a apreciar los rubíes, esmeraldas y diamantes, entre otras piedras de valor. Tan pronto empecé a relacionarme continuamente con los vendedores de piedras preciosas, comencé a notar que muchos de ellos eran tan o más corruptos que los vendedores de drogas. Algunos contaban sus aventuras y cómo engañaban a los nativos comprando piedras en los países del tercer mundo y burlando la seguridad de los aeropuertos para luego venderlas en un país desarrollado, ganando cuantiosas fortunas en dos o tres transacciones. Otros exageraban burlándose cuando compraban una piedra de valor a precio mínimo, basándose en una falsa apreciación.

Aun conociendo su *modus operandis*, varias veces caí en sus trampas. Una vez me invitaron a un restaurante al aire libre en el distrito financiero de Nueva York. Dany, el Austriaco, me presentó a su amigo Pit. Este último llevaba la voz de mando. Era un hombre de casi cincuenta años de edad, de un metro ochenta de estatura, blanco, rubio y grueso. Parecía un luchador profesional retirado. Allí, junto a dos hombres más de su edad, diseñó un plan genial en el que me ganaría dos mil dólares y el derecho exclusivo de distribuir toda la cocaína que se transportaba. Solo debía entregar varios giros a un cajero de un banco comercial. Me pareció bien. Acepté la propuesta. Todo estaría previamente coordinado desde adentro. Una suma que excedía los noventa mil dólares fue depositada.

El jefe dijo que otra persona iría a buscar el dinero en efectivo al banco internacional acordado en el tiempo estipulado. La transacción fue un éxito. Ese dinero se usaría para traer un cargamento de numerosos kilos de cocaína usando como puente una de las islas de las antillas menores. El dinero lo obtuvimos rápidamente, pero se frustró la última parte del plan. El jefe, que describía la operación de narcotráfico con tanta facilidad y que por su astucia en la transacción financiera, se había ganado la confianza de los demás, no se vería por los próximos años, ya que fue sorprendido por el departamento de narcóticos de esa nación y aunque era un norteamericano con mucho dinero e influencia, no pudo comprar su libertad. Sufrió una sentencia de varios años. Otros que participaron en la operación lograron escapar a tiempo porque un piloto astuto y arriesgado burló a las autoridades locales volando a otra pequeña isla con ellos.

La conexión de heroína: un ex diplomático desesperado

Aunque me repugnaba un poco estar entre esos hombres tan diferentes a mí en edad, clase social y pensamiento, la ambición me unía inseparablemente a ellos. Además, no había duda de que a pesar de ser corruptos eran incuestionablemente tipos de un elevado intelecto que, de una manera u otra escalaron la cima de sus objetivos muchas ocasiones, aun cuando por su corrupción también experimentaron profundas caídas.

Dany, el Austriaco, había sido un negociante muy próspero y de buena reputación en su nación. Se convirtió en uno de los embajadores más prominentes de su país; sin embargo, fue sorprendido en una iniquidad vergonzosa a nivel internacional. Fue juzgado, sentenciado y deportado perdiendo la mayor parte de sus bienes. En su desesperación por volver a la cima, se concentró en transportar ilegalmente, de otras naciones a los Estados Unidos de América, entre otros artículos de valor, piedras preciosas de todo tipo. Por su influencia, llegó a conectarse y a formar redes de contrabandistas de diamantes, esmeraldas y otras piedras preciosas.

Ahora figuraba como presidente de Gemstones, una compañía con un frente de legalidad que suplía casi todo tipo de piedras preciosas a las más lujosas joyerías del «Diamond District», en Nueva York.

A los pocos días de yo empezar a trabajar como guardaespaldas de Gemstones, mi amigo Pablo Pérez me informó que yo le caía muy bien a Dany y que me invitaba a almorzar porque tenía algo que proponerme.

Ese día, Dany me invitó a su oficina y empezó a preguntarme sobre mis experiencias en la cárcel y en la calle. Después de un largo rato de conversación, en medio de carcajadas, me dijo: «Tú eres el hombre que yo estaba esperando. Préstame atención. Te quiero confiar algo tan interesante que es posible que seas rico en menos de un año si trabajamos bien. Tú no eres un hombre que puede vivir mucho tiempo dependiendo de un salario, por bueno que sea», decía con tono de hombre sabio o como un actor de cine con su parte muy bien montada.

Dany no era muy alto, pero indiscutiblemente su intelecto, influencia y experiencias lo hacían un hombre grande. Me dejó solo por unos minutos. Luego regresó con un paquete en la mano y me dijo: «Sal, cuando pasé por Bangkok, contacté a un amigo que me informó que aquí en Nueva York, este es un artículo de más valor que los diamantes». Mientras hablaba, abrió el paquete. Al instante supe de qué se trataba. Dany tenía en su mano una bolsa que contenía el polvo más codiciado en las grandes ciudades: ¡Heroína! «Me dicen que hay diferentes calidades de esta droga. ¿Por qué no te llevas este paquete y lo pruebas?»

A ese punto de nuestra conversación, ya me había percatado de que alguien con muy poca experiencia le informó acerca del valor de la heroína pura. «Por favor, llévate este paquete, pruébalo. Infórmame si se puede hacer algo con esto. Tengo alrededor de un kilo más y puedo conseguir la cantidad que sea», dijo mientras me pasaba el sobre que contenía aproximadamente treinta gramos.

Prueba superada

No perdí tiempo. Dany no sabía lo que tenía. Y yo no dudaba de que sería la conexión más grande que jamás podría tener. Había oído de kilos de cocaína pero nunca de heroína y menos de la pura. Tan pronto llegué al barrio, llamé a Benny, que para ese tiempo había salido de la cárcel de Bordentown. Toda su juventud se la pasó inyectándose heroína. Era uno de los pocos muchachos de la cuadra que «se metía droga por todas partes», como dicen. Benny podía burlar casi todo tipo de alarma con tal de quitarle el botín de cualquier víctima. Solía hacer trabajos finos y difíciles. En una ocasión logró entrar a la casa de un militar de alto rango de la que extrajo más de ciento cincuenta mil dólares en prendas y efectivo. Hacía poco yo lo había conectado con un amigo joyero que le compró más de treinta mil dólares en prendas. Puso gran cantidad de su botín a mi disposición: «Compañero, mira lo que tengo para ti. Aquí está lo tuyo. Te lo llevas ahora o vienes luego. Además, llévale algo a mi madre negra», dijo Benny con el cariño de un buen amigo refiriéndose a mi progenitora.

No le hice mucho caso a lo que dijo. Estaba demasiado entusiasmado pensando en su posible reacción al ver lo que yo le mostraría. Saqué el paquete de heroína. Abrió los ojos y dijo: «Eso no es cocaína. Compadre, todo eso no puede ser para nosotros, verdad. ¡No relajes¡ ¡Somos ricos¡», exclamó sin permitirme pronunciar palabra alguna. Acto seguido, llegamos a lo que llaman un «shooting gallery», un lugar en el que los adictos se reúnen para inyectarse.

¡Qué sitio tan horrendo! Los jovencitos parecían ancianos y las muchachas lucían adustas. «Pruébame esto, loco», pidió Benny a uno que tenía aspecto de ratón, pero que parecía el líder del lugar. «Chino, ven acá, echa un poco de esto en tu caldero», ordenó el supuesto líder.

Pasados unos minutos, después de diluir la heroína en la vasija caliente por el fuego y con un compañero asistiéndole para ubicar la vena con una especie de torniquete en su delgado brazo, el Chino tomó la aguja. Sacó solo una dosis y empezó a inyectarse. De repente, se tambaleó con violencia. «No se mueva nadie. Exploto a cualquiera que se mueva», grité revólver en mano. «Compañero, tómalo suave. Este loco está sufriendo una sobredosis. ¿Acaso no entiendes?», gritó Benny. «Dale dos cucharadas de sal», vociferó alguien.

Cuando el joven pareció estar a salvo otro, con aspecto de no haber salido de ese sótano por varios días, me miró fijamente con mucha admiración. Aparentaba unos sesenta años de edad, pero estoy seguro de que tendría unos treinta y pico. «Tú tienes la que durmió a King Kong», dijo con su boca de vieja con pocos dientes amarillentos, refiriéndose a la pureza de la heroína. «Cuídate. Desde hoy en adelante tendrás que andar con cuatro ojos en la avenida».

Ventas

Preparación del equipo

La noticia se difundió por todo Washington Heights y sus alrededores en poco tiempo. Pronto las conexiones de renombre trataron de contactarnos. Como Vitin el Lento tenía un apartamento preparado para distribuir cocaína al mayor, decidimos usarlo. Entonces empleamos a algunos expertos en preparación de heroína.

Los más cercanos a nosotros se encargarían de la seguridad y de las transacciones en general: Benny, Cone, Rubén y Genito. A este último lo trajimos de Puerto Rico. Pero sería el viejo Lele quien se encargaría de la preparación del material. Tenía una vasta experiencia en el asunto. «Trabajaré día y noche, si es necesario. Este material es mortal. Se irá como caña para el ingenio», se jactó el viejo Lele que, a pesar de su actitud alegre, era un asesino frío y calculador.

El viejo se ganó mi confianza el mismo día que lo conocí ya que había pertenecido al grupo del Oscuro Nolin, uno de los primeros en lanzarse al narcotráfico en Washington Heights. Este grupo salió en defensa del honor de uno de sus fieles que había perecido en el campo de batalla de la calle a manos del bando contrario.

En una riña por el control de un territorio, Nolin y el viejo Lele sorprendieron al bando opuesto mientras investigaban su paradero para quitarlos del medio y así no tener competencia en sus transacciones de cocaína. En la calle, el hombre que cumple con la venganza siempre se gana la confianza de los demás. El que no se venga de la muerte de su amigo, queda tildado de cobarde. En la ley de la calle, los amigos se protegen entre sí, aun cuando en algún momento uno de ellos se levante contra otro del mismo grupo. Esto, irónicamente, sucede con frecuencia.

El viejo Lele con otros miembros del grupo local barrieron a tiros a dos del bando contrario en plena calle y viajaron a otro estado de la nación persiguiendo a un tercero a quien también hirieron de muerte, según el reporte de mi amigo y las crónicas de guerra callejera.

Por lo tanto, aunque Lele era el más nuevo de nuestro grupo, me sentía cómodo con su participación. Después prepararnos empezamos a distribuir.

La venta de droga es un camino de decepción

Pronto hicimos contactos con distribuidores de la vecindad, de la ciudad y también de varios estados e incluso otros países. Yo tenía cierta noción del negocio del narcotráfico por mis experiencias en los clubes nocturnos y, naturalmente, por la vecindad en la que viví toda mi juventud. Pero ahora era diferente. Como el estudiante que pasa de curso, se puede decir que me gradué en la universidad de la cárcel. Solo me faltaba la pasantía que naturalmente requería una experiencia callejera. Muchos jóvenes no estudian y tienen el sacrificio como algo anticuado. Si tuvieran una mínima idea del gran precio que hay que pagar en las calles, seguro que lo último que harían sería tomar ese rumbo.

Dany el Austriaco me citó a la casa de mi amigo Pablo Pérez. Allí me recibió otro hombre también llamado Dany. Este era evangélico. «Adelante. Dios le bendiga. Esto le dejó Dany», dijo pasándome un paquete con su mano izquierda mientras sostenía una Biblia con la derecha. «Gracias», le contesté mientras me preguntaba si sabría el contenido de lo que me entregaba. Me supuse que no. Ese hombre me había entregado un cargamento de heroína que tenía un valor superior a cuatrocientos mil dólares. Llevo muchos años trabajando en las calles pero hasta ese momento no había visto algo semejante. Un hombre con una Biblia en la mano y con «Tecata», como llaman a la heroína, en la otra, se burló mi amigo Jojo Barriga mientras viajábamos desde Queens a Manhattan.

El reporte de ventas que me produjo culpabilidad

El apartamento parecía un verdadero laboratorio de cortar tecata. Es decir, preparar la heroína y diluirla de su estado puro a una calidad inferior, ligándola con otros elementos químicos.

A este apartamento venían los vendedores más importantes a surtirse. En una de sus últimas visitas allí Joe Black, que era uno de los distribuidores principales de Harlem, me dejó perplejo con su reporte: «Hey, Pana, me ha ido muy bien trabajando con ustedes. Tengo mi Cadillac nuevecito y todo lo que quiero. Y fíjate, este año hemos tenido tanta suerte que tuvimos que matar a poca gente». Ante tal afirmación le pregunté: «¿Qué quieres decir con que tuvieron que matar...»

Joe me respondió: «¿Es que acaso no entiendes que en este negocio hay que matar a los que quedan mal para que te respeten? Por este polvo muere más gente en Harlem que por oro y diamantes», riéndose con una mueca de asesino de película en su boca.

Una frialdad entró en mis huesos. Recordé la advertencia de un amigo que llevaba más tiempo que yo en la calle. Él me advirtió que la venta de heroína traería más sangre que la de cocaína. Añadió con mucho énfasis que la tecata traería maldición a Washington Heights: «Ese polvo es diabólico. El que no muere a balazos, lo mata la sobredosis», me decía instándome a que vendiera cocaína que era, según él, menos dañina. El reporte de Joe Black me abrió los ojos a los efectos de la droga en la calle. Me sentí culpable. Sin embargo, tenía que seguir adelante. Tenía que seguir viviendo y no era tan fácil cambiar de estilo de vida.

Una venta al Tío Juan

Una de las conexiones especiales de cocaína en Washington Heights nos habló de un amigo íntimo que tenía un tío que compraba un octavo de heroína con mucha frecuencia. Él me insistió en que hiciera la transacción directamente. El tío Juan venía del exterior del país al día siguiente y había pedido una compra inicial de unos treinta gramos de heroína. Ese día, en horas de la tarde, nos reunimos cerca del Parque Central de Manhattan.

«Perdona mi retraso, Pana, me retardé por una situación en mi bodega», se excusó conmigo el amigo que recomendaba al tío Juan y a sus dos sobrinos, «vine aquí porque insististe en que conociera al tío ya que él será un cliente de calibre y todo debe salir bien, pero...» Sin mostrar disgusto alguno, me interrumpió: «¿Qué pasa, Pana? Un gallo de pelea como tú se va a asustar a esta altura del juego».

Cinco minutos más tarde, el tío y los dos sobrinos llegaron. Mi amigo le pasó la heroína. Entonces el tío se acercó y entró sin pedir permiso al sillón trasero del carro en el que estaba yo.

—¿Qué tal?, usted debe ser el hombre —me saludó mientras me pasaba un rollo de papeletas y tocaba mi hombro izquierdo con su mano derecha haciendo, lo que interpreté, un esfuerzo exagerado por verme el rostro.

—Quieto, viejo —lo amenacé apuntándolo con una pistola 380 y obstruyendo su vista con la mano izquierda—. Salga del carro sin mirar hacia atrás para que no tropiece —le grite mientras Benny lo escoltaba desde afuera apuntándolo con su 357 niquelado.

—La violencia de ustedes supera mi imaginación —protestó mi amigo mientras nos guiaba rápidamente fuera de esa vecindad.

—El tío me huele a camarón. Ese tipo es un «federuco» (agente federal). Huele más a policía que los que se visten de azul. Los sobrinos son unos informantes cobardes que pronto cobrarán el precio de su engaño —le respondí en tono rencoso.

—De ninguna manera, Loco, ellos hicieron tiempo conmigo en la prisión de Sing Sing —me reprochó.

Los siguientes días probaron que yo tenía razón. Como el tío no pudo arrestarnos, ya que carecía de información, apresó a otros en la ciudad que cayeron en su trampa sofisticada. Otra conexión cayó en su encerrona; cuyos miembros fueron sentenciados a más de quince años de prisión en la federal.

Sin otra alternativa que huir

Evité cualquier contacto innecesario. Tuve un tiempo sin exponer mucho la cara. Mi amigo, el negociante que me había presentado a la gente del tío, me envió a decir desde su escondite que aun cuando la gente no me conociera mucho, no me reportara a la oficina a la que debía reportarme ya que la menor pista podía producir un posible arresto. Decidí escucharlo y en ese mes no me reporté.

Además, en ese momento tenía problemas con Dany, la persona que me suplía la mercancía. Para ese tiempo, se me había vencido el tiempo de pagar la deuda, que ya se aproximaba a los cien mil dólares. Él empezó por poner a sus cobradores a llamarme por teléfono con amenazas. Todo había empezado de una manera muy simple, pero ya cada uno había aprendido a vivir como hombre de la calle. Hasta aquel hombre educado, sofisticado y extremadamente inteligente, había descendido a las profundidades del bajo mundo y aprendido a comportarse como tal. Por último, él mismo me amenazó y me advirtió que si no daba la cara y le pagaba su dinero, llamaría a mi oficial de prisión para que me arrestara. Me propuso una cita privada y acepté.

Lo cité al mediodía en la avenida Broadway con la Calle 207 de la parte superior de Manhattan. Ambos fuimos puntuales.

—¿Me trajiste mi dinero? —fue su saludo.

—Dany, parece que no sabes que los «chotas» (delatores) son las personas más indeseables de la calle. Si me delatas, te tratarán para siempre como un ratón —le dije entre dientes mientras le sacudía el índice en la cara.

En ese momento vi que a unos carros de distancia salían repentinamente tres hombres blancos. Al instante supe que tenían que ser sus cobradores de Bensonhusrt, Brooklyn, según lo que se jactaba.

—Faltaste a tu palabra, viejo estúpido, traicionero. Toma, por chota —lo insulté mientras le empecé a dar puñetazos por todos lados hasta que cayó arrollado cerca del baúl de un carro estacionado.

Enseguida me lancé a la fuga empujando a la gente que se me interponía. Los gritos de algunas mujeres y la posibilidad de ser alcanzado por los supuestos cobradores, hicieron que corriera más rápido que Lou Brock en pleno robo de base. Llegué a la casa de Rony. Me armé de una pistola y salí convencido de que jamás andaría solo ni mucho menos desarmado.

Mi vida cambió por completo. Ya había violado mi libertad provisional. Ahora tenía que cuidarme de los enemigos. Aparte de todo, también les debía una gran cantidad de dinero. Ya no podía frecuentar lugares públicos. Dondequiera que estuviera, sospechaba de todo el que me mirara. Temía que fuera un policía que se preparaba para arrestarme o un asesino a sueldo buscando el momento oportuno para liquidarme.

Vicios

Rara vez caminaba por las calles de mi barrio. Todo había cambiado. Si salía de casa, iba directo «al punto», así llamábamos a los apartamentos donde distribuíamos drogas. Me movía de un lugar a otro usando diferentes taxis. Como no trabajaríamos más con Dany el Austriaco, empezamos a comprar cocaína con las ganancias producidas por la venta de heroína. El mismo día que vendimos la última parte de esta, me atacó un fuerte escalofrío combinado con una congestión nasal y una presión muy incómoda en la espalda.

Iba en un taxi con un amigo llamado Mat. Me quejé de mi supuesta gripe.

—¿A qué hora te diste él último pase (acto de consumir la droga)? —me preguntó.

—Yo nunca me he dado un pase de tecata —le respondí.

—¿Tú has estado cortando el «material»? —insistió.

—Sí. ¿Qué tiene que ver una cosa con otra? —repliqué.

—Si cortas tecata pura sin máscara, estás más enviciado que nadie. Estás juqueado [enviciado] con puré [de droga] —concluyó con tono de tecato [consumidor] experimentado.

—Tú no tienes un mono cualquiera. Tienes a King Kong sobre tu espalda —se burló el Mat.

—¿Te atreves a llamarme tecato a mí? —lo desafié.

—Creo que Pastor tiene un poco de puré. Vamos a su casa.

Estoy seguro de que él te regalará un buen buche. Si después de meterte eso, sientes que te sanas, es porque tenías el mono sobre ti —respondió cuidándose de no ofenderme.

La deshonra más grande para un joven de ese tiempo era que le llamaran tecato. ¿Cómo era posible que ahora me confirmaran como tecato? Había ingerido casi todo tipo de droga desde muy temprano en mi vida, probé hasta heroína por curiosidad, pero ¿tecato yo? Para mi sorpresa, unos minutos después de inhalar el polvo achocolatado, sentí un alivio tan grande que tuve que admitir con un profundo suspiro: «La verdad es que soy un tecato». Por supuesto, guardé el secreto lo más que pude.

Cierta ocasión tuve contacto con una mujer que quería una cantidad excesiva de cocaína. Por su vocabulario, supe de inmediato que había comprado grandes cantidades de «perico», como también llamaban a la droga. La llevé al apartamento para que probara lo que teníamos. Los muchachos trabajaban. Ella sacó un frasco con un poco de amoniaco y una pipa, ambos de cristal. Después de verter el polvo de perico en el frasco y mezclarlo con el amoniaco, en pocos segundos, ante nuestros ojos se formó una roca como por obra de magia. Temblorosa, colocó la roca sobre la boca de la pipa. Entonces encendiendo la antorcha, le dio fuego a la pipa y empezó a fumar. Luego empezó a pasarle la pipa llena de humo a cada uno, hasta el último. No sé describir lo que sucedió luego. Había oído cómo el comediante Richard Pryor gastó una fortuna en lo que se le empezaba a llamar hábito de nuevo rico. Ahora descubría por qué. Primeramente, necesitó más de cien dólares de perico para que se formara la roca de la que solo cinco sentimos algún tipo de sensación.

Seguimos fumando toda la noche. Benny fue el primero en reaccionar. Empezó a decir que veía policías en la azotea y en todas partes del edificio para hacer una redada. Otros se contagiaron y empezaron a oír los radiotransmisores policiales y a descifrar algunos de sus códigos. Un rápido recorrido por los diferentes lugares del edificio confirmó que el problema estaba en nosotros, no había ni un alma a esas horas de la madrugada.

Después de fumar por un largo rato, concluimos que experimentamos el mejor arrebato de nuestras vidas. Fue tan fuerte la experiencia, que terminando yo de darme una inhalada fuerte, extendí hacia arriba la pipa de cristal, y todos la mirábamos, como si la adoráramos encantados por ella. «Llegará el día en que se matarán unos con otros por una roquita para fumársela en una pipa», profeticé.

La pipa somete a cualquiera

No sabía la profundidad de lo que acababa de decir, ya que nos sentíamos muy poderosos como para que eso fuera cierto. Seguimos en el tráfico de drogas normalmente. Pero cada fin de semana fumábamos la pipa hasta el amanecer. Luego empezamos a fumarla todos los días, en cada oportunidad y a cualquier hora, hasta que al fin fuimos reducidos, totalmente consumidos por ella.

No todos los muchachos se enviciaron a mi nivel. Algunos tuvieron cierto control. El Lento, mi socio en el negocio, Rubén, Genito, entre otros, no se habituaron al principio. Benny que fue uno de los primeros en enviciarse y quedarle mal a su propio cuñado, dejó de visitarnos. Benny y yo nos habituamos en exceso. Como el pez que muerde el anzuelo y como el ave que cae en la trampa del cazador, así caí en un vicio que me privó del buen juicio. Perdí la vergüenza. Empecé a arrastrarme por las calles de Washington Heights como la bella serpiente pero reducida a la fealdad y condenada a andar sobre su pecho para siempre, comiendo polvo como sentencia y condena de Dios, que la maldijo por su engaño.

Mis amigos me veían y me aconsejaban pero la droga, principalmente, la base me bloqueó mi propia voluntad. Sentía que cada día yo mismo cavaba mi propio hoyo. Lo peor de todo era que aun sabiéndolo era llevado como oveja al matadero y me sentía incapaz de ofrecer algún tipo de resistencia. Estaba cautivo por el placer de la droga. Pablo Pérez me presentó a un amigo que era una conexión grande de cocaína. Este me mandó un reto: Si vendía el octavo que me entregaría, me daría la cantidad que le pidiera. Mi intención inicial fue venderlo. Sin embargo, no pude. El vicio me venció. Se había convertido en un monstruo irresistiblemente fuerte para mí. En el momento que tuve aquellos gramos en mi poder, fui a casa de Rubén. Fumamos por un largo rato hasta que empezaron las alucinaciones. Salí de su casa corriendo con un revólver calibre treinta y ocho en la mano derecha y la droga en la otra. Corrí desde la esquina del Teatro United Palace de la Calle 175 y Broadway hasta la 192. No apareció ningún policía. Algunos me vieron a esa hora de la noche, pero nadie trató de detenerme. Al contrario, se quitaban de mi camino tan pronto alcanzaban a verme.

Al llegar al edificio del punto en la avenida Hillside, me senté y pensé en lo loco que estaba. No obstante, tomé un taxi y bajé a la Calle 135 a buscar a Genito para que saliera conmigo de la vecindad. Tan pronto empezamos a fumar, comencé a sentir miedo de mis enemigos. Pensé que hasta Genito era parte de un complot policiaco para atraparme. Halé mi pistola y me mantuve en guardia toda la noche esperando que viniera la policía, las conexiones o cualquiera de mis supuestos enemigos.

Esfuerzos infructuosos

Llegó una conexión directamente de Colombia a Nueva York para conocerme y suplirme material. Lo cité a un apartamento que tenía en la Calle 139. Desde que nos vimos, nos identificamos. Él me informó que me recomendó un amigo que ahora trabajaba desde Florida. Me prometí a mí mismo no quedarle mal a este hombre. Y así sucedió. Por las siguientes semanas, trabajamos arduamente. Se corrió la voz de que yo tenía algo «directo de Tierra Santa», así llamábamos a Colombia. Un viernes en la noche, celebramos la gran victoria. De nuevo estábamos escalando peldaños a pasos gigantescos. Así mismo caímos.

—¿Por qué no sacamos un buche? Yo tengo una pipa —propuso Rubén.

—Después de este buche no fumaremos más —ordené.

Sucedió todo lo contrario: Estuvimos fumando hasta consumir toda la droga. Cuando llegó la nueva conexión a cobrar, le entregué todo el dinero que tenía y le dije que no quería seguir trabajando. Él insistió en que siguiéramos adelante. Me endeudé de nuevo, entonces me dijo que si estaba interesado en pagarle tenía una manera de ayudarme. El dueño de un bar le debía una gran suma de dinero. «Entras al bar y lo amenazas, le dices que si no paga para el fin de semana, tú y tus hombres ya saben dónde está su negocio. Dile que la deuda te la pasaron a ti», me instruyó.

Llegué al bar un poco antes del anochecer. Por la descripción que me dio la conexión, estaba seguro de la persona. Me le acerqué. Abrí el maletín de guitarra que cargaba y saqué una escopeta recortada. «Nadie se mueva aquí. Señor, sí usted, tiene hasta el próximo domingo para entregar lo prometido. Alguien se comunicará con usted de mi parte. En todo caso sé su dirección. No me haga regresar por aquí», amenacé.

Así pude pagar esa y otras deudas, cobrando de esa manera y llevando a cabo otros actos viles. Otra conexión me envió a asaltar a un encargado de hacer depósitos. A horas del mediodía, el hombre se dirigía al banco en una bicicleta. Alcancé a ver el saco en el que, según la descripción, llevaba el dinero. El chofer que me guiaba era experto, pese a su juventud; y sugirió que era mejor simular un accidente. «Le daré un golpecito a la bicicleta y ahí le quitamos el dinero», me dijo. Así mismo sucedió. Lo que no anticipamos fue el sentido común: un accidente llamaría la atención de los peatones de esa avenida principal del condado de Queens. Tan pronto el ciclista cayó al piso, salí yo con el Mágnum 357 cañón largo. Amenacé con disparar contra cualquier intruso. Tomé el pequeño saco de dinero y salimos de allí deprisa. Hice el trabajo pero no pude pagar la deuda. Me fui a casa de Benny y desde allí ordenamos la cocaína hasta fumarnos casi los tres mil dólares que me tocaron. Benny, por su parte, también tenía un botín de joyas que al día siguiente fuimos a vender a una joyería amiga. Creo que conseguimos unos tres mil quinientos dólares más. Esta última cantidad no duró mucho tiempo tampoco.

Aparte de la pipa, Benny había empezado a inyectarse heroína; por lo que nos peleamos. Nos separamos por unos días. Los demás muchachos del grupo me decían que Benny y yo estábamos demasiado enviciados, que temían que muriéramos en manos de nuestros enemigos, ya que estábamos extremadamente expuestos. Yo trataba de dejar de fumar, pero no podía. Estaba atrapado. Como una hoja seca sacudida y tirada al azar por el viento, así me impulsaba el vicio a exponerme por doquier.

La guarida de los viciosos

Yo hacía cualquier cosa por un «pipazo». Mi moral estaba tan abajo que poco me importaba caer en el hospital, la cárcel o el cementerio. Me convertí en un vendedor de clase baja. Me paraba en la Calle 163 de Washington Heights, a esperar que llegaran clientes de cualquier cantidad y hasta gente a quien no conocía. Los llevaba a los diferentes puntos para ganarme algún pipazo. Cada vez que conseguía alguna cantidad de perico regresaba, como rata a su rendija, al punto de Micho. Esta era, en realidad, la casa de los viciosos.

Micho tenía un gran carisma para la gente. Sabía tratar bien a todo el mundo. Y compartía su droga con cualquier necesitado. Me gustó su actitud. También a mí me agradaba compartir con los demás, especialmente con aquellos que eran abusados, tales como los que habían tenido alguna posición en el bajo mundo y, como yo, lo habían perdido todo. Venían allí muchas muchachas preciosas que vendían su virtud por una bolsa de manteca como también por un par de pipazos. Yo no permitía que nadie abusara de ellas delante de mí. Me busqué bastante pleitos por eso.

En la casa de los viciosos pasaban cosas extrañas. Cuando se fumaba pipa uno no se podía descuidar. De repente se desaparecía «la roca» (droga) como por arte de magia. A causa de la irritación por la falta de droga, peleábamos por cualquier tontería cada minuto para luego abrazarnos con mucho afecto en pleno arrebato.

Un día de mucha necesidad, un amigo creyó que debido a mi influencia abusé de él robándole un cliente importante. Mientras me dirigía a mi punto favorito, oí desde el carro que el encargado me maldecía ferozmente. Tan pronto regresé nos enfrentamos cuerpo a cuerpo. Nos dimos varias trompadas, mientras los demás escogían su pareja. Alguien intervino a los pocos minutos y creo que los dos dimos gracias por la interrupción. Estábamos exhaustos. No teníamos resistencia para eso. Entonces algo muy cómico ocurrió, reconociendo la poca fuerza que teníamos para continuar, empezamos a burlarnos uno del otro.

—Estás viejo, Salva, ya no es lo mismo, la pipa y la tecata te tienen loco —decía Marinito mientras se reía a carcajadas, doblado sobre su estómago y señalándome con un dedo.

—Y tú fumas tanto que pareces una pipa. Además, eres el más tecato de todos —me burlé.

Pasados unos minutos entramos en la guarida de los viciosos y nos pasamos la pipa uno al otro. Este joven siguió mi camino porque le serví de modelo. Su familia era muy conocida por la mía. Su fin fue muy penoso. Alguien que había peleado con José Cabo de Vela, lo confundió con él y lo hirió a balazos. Luego, Marinito anduvo en una silla de ruedas y en corto tiempo, murió.

En otra ocasión estábamos en la guarida de los viciosos fumando pipa en una pequeña ronda, como solíamos, y oí a alguien gritar un insulto. Reaccioné tomando un pedazo de madera de casi un metro, astillada de una manera muy afilada, y tirándolo a la garganta de la persona que creía culpable. Lo llevaron de emergencia al hospital muy mal herido. Los que estaban presentes empezaron a notar que «la mente me estaba patinando» con demasiada frecuencia a causa del abuso de las drogas, principalmente, con la pasta base que es cocaína procesada para fumar. Me aconsejaban que dejara la pipa pero seguía atándome más cada día. Me pasaba día y noche en la Calle 163 buscando la oportunidad del próximo pipazo. ¡Estaba loco!

Guerra contra la gente del otro lado

Llegué de llevar un cliente al punto de un amigo. Cuando regresé era de noche. La policía estaba en proceso de emprender una redada. Buscaban carro por carro. Sabían que los vendedores ambulantes, diferente de los que tenían apartamentos, ponían su material en cualquier escondite cerca de ellos: en las escaleras de los edificios, detrás de los neumáticos de los carros, etc.

La Bum Bum, una de las muchachas de la cuadra, preguntó:

—¿Van a dejar que la jara (policía) se lleve ese paquete que está ahí?

—¿Dónde? —intervine preguntando.

Mi amigo Pepín me prometió que me cubriría de los policías que se acercaban. Sin titubear, tomé el paquete que estaba debajo de un carro. Oí la voz de Johnny Carrera y de otra persona alegar que el paquete era de ellos. Ya era tarde, yo no era de los que volvía atrás, por lo menos, no en cuestión de mi futuro pipazo. Pepín y yo nos fugamos a toda velocidad por el fondo del edificio. Conocíamos muy bien la vecindad como para que los policías nos alcanzaran si se atrevían a seguirnos. Tomamos un taxi al salir a la Calle 162 y Broadway y al llegar a su casa nos fumamos la mayor parte de los veinte o más sobrecitos de gramo y medio gramo. Él se quedó con el revólver que había dentro de la cartera de mano masculina.

Volví a la vecindad dos a tres horas más tarde. La Calle 163 estaba muy serena. Pensé que la policía todavía guardaba vigilancia. De repente, se lanzó contra mí un grupo de seis tipos de la gente del otro lado y Johnny Carrera.

—¿Dónde está el material? —preguntó el jefe de ellos, que hacía poco mató a un hombre por menos de lo que lo hice yo.

—¿De qué material hablas? —grité fingiendo inocencia.

—¿Explótenlo? —dijo dando la orden de ejecución.

Vi cómo brillaron los revólveres. En ese momento, saqué fuerzas de donde no había para soltarme del jefe que me tenía agarrado por un brazo. Salté por encima de un carro. Para mi salvación, venía una persona en ese mismo lado de la acera. La eché a un lado. Doblé la esquina a toda velocidad. Sentía que más de un hombre corría detrás de mí. Corrí por dos o tres cuadras. Entré y salí por varios edificios hasta que los perdí de vista. Mi corazón latía lleno de miedo. Me senté en el primer piso de un edificio donde había entrado. No podía conmigo mismo. Estaba tan cansado. Me dormí en ese edificio abandonado. Desperté al rallar el alba a causa de las gotas de lluvia que caían sobre mi rostro como por intervalos.

Llegué a casa. Dormí hasta horas de la tarde. Empezaron a llegar los muchachos. Me informaron que esa misma noche Pepín tuvo un tiroteo con la gente del otro lado.

También que el jefe de ellos había avergonzado a un anciano inofensivo haciéndolo bailar, brincando al son de sus disparos. «Hay que sacar a esa gente del bloque», les dije a los muchachos. Al anochecer, entramos a las Calle 163 armados hasta los dientes. Fuimos a dos de los apartamentos de la gente del otro lado. Por supuesto, solo se encontraban los trabajadores. Les ordenamos que salieran voluntariamente y que no regresaran a la vecindad. En el tercer y último apartamento, como no encontramos a nadie, rompimos la puerta y nos adueñamos de él.

Parece que toda la vecindad esperaba ese momento. Hubo una participación masiva. Abby el Cordobés y Campeche, que para ese tiempo distribuían bastante material, se aparecieron con un fuerte grupo de hombres armados. Rápidamente montamos guardia en cada edificio. Yo me quedé con un grupo de hombres vigilando el bloque desde la azotea, portando armas de largo alcance. Esa noche la pipa no se encendió. Era tiempo de guerra. La heroína era lícita en la guerra. La pipa nunca. Apagamos la mayoría de las luces públicas. La escena estaba preparada.

En horas de la madrugada, llegó Marino. «El Comandante hace su entrada a la cuadra», anunció uno de los centinelas del edificio de la esquina.

Aunque muchos no simpatizaban con él por haber asesinado a unos cuantos en la vecindad y presionar a cualquiera para que le diera droga, era un temerario fuerte, quizás el más temido en la historia de Washington Heights. Y quiso hablar conmigo.

—Esa gente es peligrosa. ¿Qué vamos a hacer, Negro? —me preguntó.

—Lo que hay es guerra —le contesté.

—Te dije que hay que trabajar organizado. ¿Cuándo vas a dejar la pipa, Negro? —me insistió.

Nos fuimos a casa del viejo Lele a discutir la estrategia. Marino era muy bueno en esto ya que había estado en la Marina de Guerra. Donde ponía el ojo, ponía la bala. Después de discutir un plan de ataque contra la gente del otro lado en caso de que ellos no regresaran, comprometió a cada uno de los hombres que andaban con él. Antes de despedirse, Marino habló del destino del pistolero sin saber que la muerte estaba cerca de él, en manos de la policía.

«El que a hierro vive a hierro muere. Solamente quiero morir con mi pistola en la mano», expresó mientras todos lo miraban. Después que sus guardaespaldas hicieron el recorrido rutinario, anunciaron el camino claro. Les seguimos nosotros, pistola en mano, y tras nosotros marchaban los de la retaguardia.

Los negociantes de droga estuvieron muy enojados por un tiempo. Según aumentaba la violencia, decaía el negocio. Varios jóvenes fueron heridos en diferentes confrontaciones. Otros fueron sorprendidos. Marino y sus hombres sufrieron un fuerte ataque en una encrucijada genial. Él mismo fue herido de mala manera pero sobrevivió para vengarse, disparando contra dos personas.

Luego hubo una negociación en la que se llegó al acuerdo de que la gente del otro lado se estableciera en otra vecindad. Todo volvió a la normalidad. Nos veíamos en diferentes lugares de la ciudad pero no en son de guerra. Yo seguí fumando pipa e involucrándome en problemas relacionados. Tiempo después en la cárcel de la roca (Rikers Island) uno de los participantes del primer encuentro, contó que cuando quiso dispararme, su pistola se trabó. Otros quisieron disparar pero igualmente no pudieron. «Ese tiene un santo que lo ampara», comentaron entre ellos.

Herido en la Calle 163

Una noche, José Cabo de Vela y yo disfrutábamos fumando de nuestro último «guiso». Habíamos asaltado a un cliente que compró una buena cantidad de perico. Cabo de Vela empezó a pelear a los puños con un hombre que había sido campeón de boxeo del Caribe en su categoría. Aunque Cabo de Vela era mucho más alto, fuerte y joven, pasaron los minutos sin poder conectar sus puños.

—Dame aquí. En este lado —se burlaba el viejo boxeador moviéndose de un lado a otro, aunque de vez en cuando recibía un puñetazo.

—Vamos a ver qué bien te defiendes ahora —amenazó Cabo de Vela.

Acto seguido se fue para regresar con el mismo revólver Mágnum 357 que yo había usado en uno de los últimos asaltos. Tan pronto llegó cerca del ex boxeador, se abalanzó sobre él con mucha furia. Trató de pegarle por la cabeza con la cacha del revólver, pero su contrincante fue astuto una vez más. Cayeron trabados al piso. Yo, que acababa de darme un pipazo, solté la pipa. Me lancé sobre ellos tratando de evitar que Cabo de Vela asesinara a ese hombre en medio de la calle. Logré agarrar el cañón del revólver. Intenté rápidamente echarlo a un lado pero en ese mismo instante sonó el disparo. Sentí que fui lanzado arriba por el impacto, pero seguí tratando de dominar la situación. Segundos más tarde me vi herido. Empecé a botar mucha sangre. Se acercaron a mí Kenny Kent y Moisés, el bongosero de Los Intocables.

«¡Salva, estás herido. Hay que llevarte al hospital! ¡Que alguien llame a un taxi!», oí gritar con agonía. Algunos amigos me levantaron y trataban de llevarme cargado hacia Broadway en busca del taxi. Sentí que me traspasaba el dolor más grande de mi vida. Yo, en medio de mi inconsciencia, oía a la gente hablando y gritando. «Fueron dos balazos. No fue que la bala lo traspasó. Cuídalo, Changó», reconocí la voz del viejo cubano en medio del apogeo.

Cuando entramos a la emergencia del centro médico y me acostaron sobre una camilla, el dolor me estaba venciendo. Estaba viendo borroso. Pero vi el uniforme de camisa blanca. Pude oír la voz del sargento que me hablaba al oído.

«¿Quién te hizo esto? ¿Quién te disparó?», me preguntaba. Según él insistía, un jovencito que me hacía muchas preguntas sobre la calle, maldijo al sargento. En ese mismo momento sentí que el sargento u otro policía lo empujó. Hubo algunos empujones que no puedo describir pero sí sentí que por poco me tumban de la camilla. Ahí empecé a ver los trajes blancos. Ahora ya estaba rodeado de médicos. Empezaron a ponerme agujas por todos lados. Sentí cómo uno de ellos empezaba a rasparme el pelo del área abdominal. «Tal vez se salve. Es joven y fuerte, aunque puede que esté débil. Me parece drogadicto», dijo un médico.

En ese momento pensé en mi madre. Sentí que emprendía un viaje por el cielo. Me sentí hasta cerca de mi destino, cerca de Dios.

«Dios mío, perdóname. Cuídame a mi madre», supliqué.

Desperté para ver muy cerca de mí a mi tío, el pastor Antonio Jiménez, a mi madre y a otros miembros de la familia, incluyendo a mi novia de la juventud, a quien había descuidado por las drogas. Después de verificar que no estaba inválido sino que me habían hecho una colostomía, empecé a pensar que ya mi vicio había llegado a su punto culminante. «Basta ya», me dije, «tengo que "soltar" este vicio».

Conexiones

Mis amigos me visitaban con frecuencia en el centro médico. Casi todos pasaron por allí. Conexiones activas desfilaron ante mí para proponerme cualquier cantidad de droga si prometía dejar el vicio. Entre esos visitantes llegó el hombre a quien yo prácticamente le pasé toda mi clientela. Varón estaba tan agradecido de mi trabajo que me ofreció trabajar con él como socio. Luego de pensarlo, acepté. Me comprometí a no volver al vicio y tan pronto salí del hospital, me reuní con él y empezamos a trabajar.

Entrené a sus trabajadores para una distribución agresiva. Formé un equipo para cobrar y para establecer el orden y el respeto de la organización. Crecimos rápidamente, ya que Varón contaba con una conexión clave. Él recibía una cocaína a la que denominé Mortífera porque debido a su pureza causaba rápidas alucinaciones al fumarla. Nos convertimos rápidamente en una de las conexiones más crecientes de nuestro medio. Teníamos clientes en todas partes de la ciudad y en los estados circunvecinos.

La expansión de un veneno mortal

Se me ocurrió la idea de abrir otros puntos para distribuir al mayor y al detal. Decidimos hacerlo al mayor en dos diferentes lugares estratégicos: uno en la parte norte y otro en la parte sur de Washington Heights. También abrimos tres puntos para el detal en el centro de Washington Heights donde frecuentaban más los viciosos y los vendedores menores. La clientela se multiplicaba por esos lugares donde abríamos los puntos. La estrategia produjo mucho dinero así como también problemas. Según crecíamos aumentaba la maldad y asimismo nuestros enemigos.

Un amigo de la infancia, muy íntimo, me informó que un grupo competente le había propuesto una cantidad de dinero por mi cabeza. Tomamos cartas en el asunto y decidimos atacar antes que nos atacaran. Yo salía de casa listo para la guerra cada día; llevaba un chaleco antibalas y portaba de dos a tres armas de fuego. Además, no salía solo a ningún lado. Como sucede en este mundo, empezaron a amenazar con asesinar a mi mamá y a la mujer con quien yo vivía hacía unos meses: Jessica, que también andaba armada. No le tenía miedo a nadie. Por lo menos, dos guardaespaldas estaban siempre conmigo. Si me tocaba ir a un lugar peligroso, íbamos en dos carros con hombres y municiones para cualquier batalla. Delegué mis responsabilidades. Aumenté el uso de la heroína para calmar los nervios.

Por último, convencí a mi madre y a mi padrastro de que se fueran a establecer a República Dominicana, como siempre soñaron. Antes de irse, mamá me dejó como herencia los santos que mi abuelita cargaba dondequiera que se mudaba y que le dejara a ella antes de irse a morir a su patria. Siguiendo sus instrucciones y las de un brujo, aumenté también el número de los santos en el altar a más de cuarenta, con cuadros y estatuas. Me dediqué a expandir el negocio. Ya no era necesario enlazar una conexión con otra, por una pasada reputación. Había llegado la hora de convertirnos en las conexiones máximas. El negocio continuó expandiéndose pero, sin nosotros advertirlo al mismo tiempo, empezó el derrumbe.

Cobradores violentos sin misericordia

Cuando teníamos mucho material colocado y era tiempo de cobrar, enviábamos a los cobradores. Estos cobraban de cualquier manera: quitaban pertenencias de valor, secuestraban, torturaban. Hacían cualquier cosa con tal de recuperar la inversión. Muchas veces actuaban según su propio criterio con tal de mantener su reputación y su salario, y no como se le mandaba a hacer. Para cobrarle a un amigo mío de infancia, entraron a su apartamento y le mudaron todo su mobiliario en un camión alquilado. Cuando él quiso oponerse, uno de los cobradores violentos, apodado Coco Puffs, lo atacó a puñaladas. Mi amigo me pidió una reunión de emergencia para tratar el asunto.

A otra persona la sacaron desnuda de un hotel. En otro caso, secuestraron a un hijo de un hombre rico y el padre tuvo que saldar la deuda para salvar a su hijo. Esto nos causó muchos problemas: descubrió que yo era el cabecilla de esa gente y me declaró una guerra sin cuartel. Debido a esa situación me mantuve aislado por un tiempo, no por miedo a él, sino a las barras de la prisión. A raíz de ello, empecé a perder fuerza en los diferentes puntos.

El derrumbe, ataques por diversos flancos

Empecé a visitar los diferentes puntos esporádicamente. Andaba con un equipo de hombres, entre ellos uno que había sido teniente en el ejército de su nación. Les ordené que hicieran el recorrido de rutina y me dieron luz verde. Sin embargo, cuando iba bajando por el tercer piso de un edificio de seis en la Calle 160 con Broadway, oí los radios policiales. Abrí la ventana del pasillo y dejé caer el bulto que contenía, por lo menos, doscientos cincuenta gramos de cocaína y alrededor de dos mil dólares en efectivo. Yo había metido las dos pistolas dentro también. Seguí bajando hasta que tuve un policía delante de mí. Llegó otro agente, con el bulto en la mano. Me hicieron algunas preguntas y después se fueron con una sonrisa burlona. Estos dos policías tenían fama por este tipo de actuaciones. Por supuesto, que los muchachos preferían perder material a caer presos. Decidimos mantener ese apartamento inoperante. También tuvimos que cerrar un apartamento de venta al detal en la Calle 163 que, en su primer día de apertura, produjo más de veinte mil dólares. A este punto lo llamábamos «La Casa del Joseador» (anglicismo empleado para llamar a los vendedores callejeros que llevan a sus clientes a los diferentes puntos para rebuscarse dinero y satisfacer sus necesidades). La estrategia de este punto era que cualquier «joseador» que se comprometiera a llevar a sus clientes, aparte de su comisión regular, recibía «la cura», o sea, cocaína para fumar o dinero para heroína antes de empezar a trabajar. También el cliente recibía un regalo de acuerdo con la cantidad que comprara y se le garantizaba protección de cualquier violencia posible. Este punto crecía sorprendentemente todos los días. Casi todos los joseadores estaban conectados por la protección ofrecida. Sin embargo, tuvimos que cerrarlo porque empleamos a una persona que era buscada como aguja en un pajal por la policía. Al parecer, alguien dio pista de dónde se encontraba.

Unos días después, estaba en casa viendo el noticiero Eyewitness News del canal 7, cuando observé que sacaban esposados a unos seis de los muchachos que trabajaban en un punto céntrico localizado en la Calle 166 y Audubon. Los muchachos fueron arrestados en mala manera. Toda la evidencia estaba en una mesa: una cantidad considerable de cocaína, un laboratorio para procesarla, según ellos, una ametralladora Thompson, un rifle y de cinco a seis pistolas. El noticiero se refirió al grupo arrestado como parte de «La Mafia Dominicana».

Este arresto fue un duro golpe para la organización. Las unidades policíacas dedicadas a luchar contra el narcotráfico actuaron de una manera genial y lograron cerrar muchos puntos en poco tiempo.

Para ese tiempo muchos de los muchachos se habían enviciado y estar cerca de su droga preferida les dificultaba mantenerse fieles. En una ocasión, le encargué a Rubén proteger otro apartamento de detal en la Calle 163 y me informó que el material había desaparecido. Su explicación fue que unos ratones royeron la cocaína hasta consumirla por completo. Él sugirió que antes de abrir un punto deberíamos tener la precaución de fumigar. Años más tarde me confesó, en forma chistosa, que el único ratón activo en el apartamento había sido él.

El vicio acelera el derrumbe

El derrumbe de la organización parecía inevitable. Para este tiempo yo había perdido la concentración en los negocios. Permanecía aislado en casa consumiendo heroína y cocaína. Ahora fumaba esta última ligada con marihuana. Esta modalidad la llamábamos «el diablito». Otra manera era fumar cigarrillos con cocaína sin procesar. Además, para Jessica y yo levantarnos, Genito tenía que salir a comprar, por lo menos, un bundle de heroína. Para ese tiempo usaba tanta heroína que me dormía en cualquier lugar y a cualquier hora.

Regresando a casa de uno de los puntos, me quedé dormido en un taxi y cuando salí olvidé un paquete de cocaína de un octavo y un par de miles de dólares. Este punto permaneció inactivo por cierto tiempo. Para «enfriarlo» dejé allí a mi amigo Roque y a la Hawaiana que me libró de un serio arresto durante un tiroteo. Ocurrió, en una ocasión que yo trataba de escapar y ella, como si todo hubiera estado ensayado, echó mis dos pistolas en su cartera, me tomó de gancho y fingió ser mi pareja. Así escapé de la escena del tiroteo pasando por el propio medio de los detectives que, en su empeño por arrestar a los participantes, ignoraron al principal culpable.

El derrumbe total llegó con las alucinaciones

La noche del año nuevo de 1982, después de compartir con los muchachos, Jessica y yo llegamos a casa, totalmente arrebatados. A esa hora de la madrugada, yo fumaba como un desesperado. Mi familia estaba en casa. Pensaba que mi mamá y mi padrastro tenían un plan para entregarme a la policía. Nosotros vivíamos en el primer piso de un edificio en la Calle 139 entre Broadway y Riverside. De repente, oí que alguien se acercaba a mi ventana. Apunté con mi pistola Colt Commander calibre 45 hacia la ventana.

—Ahí no hay nadie, nene —dijo Jessica.

—¿Tú también me traicionas? —la acusé.

—Es que tienes pánico —se defendió mientras trataba de consolarme con una caricia. La eché a un lado.

Mis alucinaciones transcendían el mundo real. Tomé un estetoscopio para oír los sonidos a través de las paredes y de la tubería de calefacción del cuarto. «Estoy escuchando algo, cállate», le susurré enfrascado en mi tarea.

Yo siempre andaba con la pistola «sobada», aunque con el gatillo muerto. En ese momento lo halé hacia atrás. Oí que alguien restregaba una pistola cerca de la ventana. No podía perder tiempo. Era mi contrincante o yo. Un duelo de vida o muerte. Disparé con toda la rabia posible los siete tiros uno detrás de otro. La explosión produjo un griterío terrible. Salí corriendo de mi habitación hacia el armario donde tenía otras armas. Repentinamente, mi mamá me agarró con fuerza por la cintura. Mi padrastro reaccionó tomándome por el pecho. Toda mi ropa estaba ensangrentada. Parecía que me habían baleado, pero mi padrastro notó que la sangre procedía de heridas menores en mis manos y en el área abdominal, principalmente.

«¿Qué pasa, hombre? Ahí no había nadie. ¿Estás loco?», me gritó asustado mi padrastro. Abracé a mi mamá como un niño en peligro. Unos minutos después de beber un vaso de leche, me calmé. Entonces, pensando que la policía podía llegar en cualquier momento, empaqué las armas, la cocaína y el dinero que tenía en un saco de cargar congas. En eso llegaron mi tía Margó y su esposo Víctor y se llevaron el cargamento. Yo salí por otro lado con Jessica a hospedarme en un hotel para resguardarme del peligro. Allí empecé a fumar de nuevo. Luego salí huyendo del establecimiento porque pensé que el gerente tenía un plan para atraparme. Así corrí espantado de otros dos hoteles en menos de un par de horas.

Después supe que dos vecinas que regresaban de una fiesta navideña escaparon de mi balacera por un milagro de Dios. Por eso los vecinos empezaron a cuidarse más de mí.

Visitamos un apartamento que recién habíamos inaugurado para trabajar temporalmente ya que la dueña continuaría viviendo en él. Un nuevo amigo llamado Forty Seven, y que me salvó de caer en la redada del punto de Audubon, nos recomendó este apartamento. Encargamos a otro amigo llamado Palomino. Esa misma noche empecé a fumar en contra de la voluntad de los que me conocían bien. Cuando ya se estaba acabando mi material, le pedí a Palomino que me diera del que tenía a la venta que se lo devolvería al día siguiente. Mientras fumábamos, empezaron a suceder cosas. Jessica comenzó a decir que otra mujer que estaba allí apodada La China estaba diciéndole por señas que estaba embarazada de mí. Ella empezó a amenazarla. Cuando nos habíamos fumado casi todo el material, estando yo sentado en una silla reclinable. «Muchachos, apaguen las luces», ordené. «Estamos rodeados de policías», susurré tan pronto apagaron las luces. Mientras tanto me cubría recostándome de una pared del apartamento. Empecé a mirar por la ventana a través del borde de las cortinas. Nadie veía ni sentía nada. Pero luego se me acercó Jessica y me secreteó que había un sonido raro dentro del armario de la sala. Le pedí que estuviera atenta mientras yo me ocupaba de la ventana. A través de las cortinas de la ventana, podía ver a los policías tomando posición de ataque. Pensaba que nos vigilaban usando anteojos sofisticados. El viejo Lele se me acercó también a confiarme que temía que la policía no demoraba en aprendernos. Estuvimos en suspenso por un rato. Yo demandaba que mantuvieran silencio a través de mis insistentes señas.

De repente se oyó un ruido contundente en el armario de la sala. Sin perder tiempo, Jessica disparó hacia el armario. Yo empecé a disparar contra la policía. Le pegué un tiro a uno que intentaba entrar por la ventana. Vi cómo caían uno tras otro cada vez que yo tiraba. Se armó una confusión muy grande dentro del apartamento. Vi a Jessica en el piso. Le quité el revólver calibre 38 Smith & Wesson especial con que había disparado. Abrí la puerta del armario. Un gato salió corriendo.

Noté que todos estaban saliendo por la puerta y decidí salir por la escalera de emergencia. Según venía bajando, se me cayó el sombrero y noté que mis manos estaban completamente llenas de sangre. Al intentar descender hacia el último peldaño, empezaron a ladrar dos perros. Tuve éxito en brincar desde ahí a la acera opuesta. Fue un salto riesgoso, pero era preferible a caer preso.

Tan pronto salí a la Calle 156, oí la voz y vi la mano de Jessica que me llamaba desde un taxi. Ese taxista no se imaginaba lo que le esperaba. Empecé a darle direcciones locas, a la derecha, a la izquierda, etc.

«¿Adónde van ustedes?», preguntó. Pensé inmediatamente que se trataba de un policía encubierto. Le dije que si hacía otra pregunta su vida peligraba, que continuara adelante. Después de unas dos horas, estábamos en la Calle 96 y Broadway, tuve que admitir que todo esto sucedía por el efecto de la base. Entendí que estaba experimentando otra alucinación. Le pagué muy bien al taxista aunque pienso que a él lo que más le interesaba era que saliera de su taxi. Aceptando lo ridículo que me había comportado, me dije: «Jamás volveré a fumar pipa».

Ya era tarde. Estaba atrapado como un ratón que pensando en el queso, no ve la trampa. Unos días después, invité a unos cuantos amigos a una fiesta de pipa y nos fumamos el último medio kilo de cocaína que tenía. Había caído en el vicio de una manera peor que la primera vez.

Asaltos

Según me internaba en la escasez, no tuve mejor alternativa que empezar a vender las pertenencias que me quedaban: carros que había quitado a los deudores, armas de fuego y prendas, entre otros artículos de valor. Me acerqué al altar en una ocasión en que no tenía dinero para la heroína. Cada día depositaba una papeleta de cien dólares frente a Mitricilí, un cuadro de la santa que según los brujos era uno de los espíritus que constituía mi carisma para las mujeres y cierta garantía de protección. Cuando tenía una buena cantidad se le entregaba a algún brujo. Los brujos me decían que tenía la «metreza». Muchas de mis amigas se quejaban que mientras dormían en mi cama las atacaba una mujer a veces punzándolas y pellizcándolas. Si era blanca, usualmente la atacaba una negra; si era negra la atacaba una blanca. Es extraño que ninguna estadounidense jamás dijo tal cosa. En tales circunstancias, el reporte de los brujos y las supersticiones en general eran lo último que pasaba por mi mente. Nos arrodillamos Jessica y yo. Le rezamos varias oraciones escritas a ese altar lleno de estatuas, cuadros, velas y velones. Ella me pidió que fuéramos a la iglesia. La respuesta mía fue que esos santos no habían hecho nada por nosotros. Procedí a extender la mano izquierda, ya que aprendí desde niño, según una superstición de mi pueblo que los objetos embrujados tomados así no tienen efecto. Tomé un rollo de papeletas de cien y la despojé también de unas prendas que le había dedicado. Otro día hice lo mismo con

San Lázaro hasta que a ningún santo le quedó objeto de valor alguno. «La cosa está tan mal que le di un «jolope» (le robé) a los santos», le confesé a un amigo mientras nos dábamos un pipazo.
Un día en que viajamos a la parte baja de Manhattan, donde
un amigo que tenía una joyería, decidimos vender un diamante
muy precioso que le regalé a Jessica. Tres jóvenes que trataban
de vender prendas también, empezaron a discutir conmigo porque no estuve de acuerdo con su comportamiento en la joyería.
Cuando la disputa arreció, fui por mi revólver. Ellos salieron corriendo. Me pareció que iban a llamar a la policía, y como para
este tiempo, yo estaba reportándome normalmente a la oficina
del gobierno y lo último que quería era un nuevo caso, le dije a
Jessica que tomara el revólver y se fuera por un lado que yo me
iría por el otro. Yo escapé en un taxi, pero desafortunadamente a
ella la detuvieron. Se hizo todo lo posible pero tampoco se pudo
sacar bajo fianza ya que le aparecieron otros cargos.

Cómo cavar el hoyo propio

Cada día sentía que me hundía un tanto más. De vez en
cuando me visitaba uno de los amigos que estaban bien en el
narcotráfico y me hacía un regalo o me invitaba a arrebatarme
con él. Otras veces, yo visitaba a personas que habían contraído
algún tipo de deuda conmigo y las presionaba para que me pa-
garan. Por otra parte, descendí al nivel de tener que llevar mis
mejores clientes a otros amigos en busca de una comisión. No
obstante, cada día continuaba a la deriva. Decidí entonces vivir
del revólver nuevamente. Busqué a Felipe, Forty Seven y a Héctor, entre otros para hacer «algunos trabajos».
Como gato que vela ratón andábamos nosotros, buscando
la presa. Se me ocurrían ideas locas. Los muchachos estaban tan
desesperados como yo. Si algo teníamos en común era el vicio
ciego que teníamos.

Una vez que se nos acababa el material, llegamos a las Calle 163 y no encontrábamos nada abierto. Llegaban clientes pero no aparecía quien les vendiera. Se me ocurrió entonces la idea de apoderarnos de uno de los puntos activos y fingir que vendíamos. Así lo hicimos. Conforme llegaban los clientes, los llevábamos a ese apartamento. Una vez dentro, lo amarrábamos del tubo de la calefacción o cualquier otro lugar seguro. Así hicimos por espacio de más de una hora. El panorama interior del punto era similar al de una cárcel. Estábamos más que locos. Una vez dentro los clientes eran despojados de todo. Cada cliente se convertía en un prisionero que tenía que llamar «Oficial de Celda» (C.O., por sus siglas en inglés) a sus atracadores si deseaban decir o pedir algo. La última persona que llegó era un hombre de dinero que andaba con su amante. Buscaba una buena cantidad con desesperación.

—No quiero algo bueno, quiero lo mejor —exigió.

—Aquí solamente vendemos puro —le dijo Forty Seven.

No hizo más que entrar al edificio, cuando yo le tenía la pistola en su cara.

—Ponte de espalda con las manos arriba —le ordené.

—Llévense todo pero no le hagan daño —pidió la mujer.

Él no opuso resistencia alguna. Andaba con una buena cantidad encima. Decidimos que había llegado el momento de partir. En un par de horas nos habíamos fumado todo el botín.

Cuando estábamos calmados, planificábamos dónde haríamos el siguiente asalto y a quién atracaríamos. Pero si estábamos desesperados, corríamos peligro. Así fue que nos trajeron a unos hombres que venían de otro estado. Estaban interesados en vender una cantidad enorme de equipos electrónicos, televisores, sistemas de sonidos, etc. Una vez que dijeron que en última instancia intercambiarían la mercancía por cocaína pura, supimos que había llegado la hora adecuada para actuar. La cantidad que pedían naturalmente no estaba a nuestra disposición, pero nos las ingeniamos. Les dimos una muestra. Quedaron muy impresionados. Luego les dijimos que tendrían que traer el camión a nuestra casa. Los hombres nuestros les ayudarían a subir la mercancía, mientras el líder de ellos y yo llevábamos a cabo la otra parte de la transacción. Después de un rato, el líder inquirió sobre la cocaína. Fingí diciendo que en breve se resolvería todo. Los muchachos se portaron con mucha cordialidad hasta que llegó la hora.

—No se desespere nadie. Este es un atraco —anunció Héctor con la pistola en la mano.

—¿Qué broma es esta? —exclamó el líder totalmente sorprendido.

—¿De dónde se robaron ustedes todo esto? —pregunté sarcásticamente

—¿Qué importa eso? —protestó él.

—Ladrón que roba a ladrón tiene cien años de perdón —se me ocurrió decirle.

Se echó hacia atrás en la silla. Sonrió. No creía lo que veía. Entonces propuso que le diéramos un buen trato ya que venían de lejos. Así hicimos. Le dimos la mayor cantidad de material que logramos conseguir con unos vecinos que ya tenían un estimado de los componentes electrónicos que recibirían a cambio. Los muchachos negociaron los artefactos tan rápido que nunca llegué a ver esos equipos. La ganancia se esfumó de la misma manera. Un tiempo después de este incidente, el líder de nuestros clientes se encontró con Forty Seven en una prisión de Nueva York y le admitió que durante la patraña nunca se imaginó que él cayera en una trampa tal. Con una sonrisa a flor de labios le pidió a Forty Seven que me saludara de su parte.

Sin pensar en las consecuencias

Nunca consideramos ni remotamente que pudiéramos caer presos en cualquier momento ni mucho menos que pudiéramos morir. No lo pensábamos ni nos importaba. Nos llegó una información que para el mediodía se llevaría a cabo una transacción con una conexión muy poderosa. Esta no era del sector. Nos jactábamos de nuestro respeto y fidelidad a cualquier conexión del bloque. Es más, protegíamos a las conexiones locales. Muchas veces servimos para espantar a los «gatilleros» que venían de afuera o que surgían de nuestra propia vecindad. En el mismo edificio de Yoe Barriga asaltaron a una mujer colombiana que era una conexión y en un par de horas sacamos a uno de los responsables de un hotel y al otro de su propia casa. Los secuestramos hasta que apareció más del ochenta por ciento del material. Ahora bien, se trataba de alguien que no era de la vecindad.

Llegamos al lugar indicado para descubrir que la conexión ya iba cruzando una avenida central adyacente. Nos distribuimos rápidamente. En unos segundos, salí delante de ellos y empecé a acercármeles. Había mucha gente. Además, ellos sabían trabajar. El hombre importante venía en medio con «la mula», o sea, el que llevaba el cargamento. Otros tres servían de guardaespaldas. Según el orden de su posición, sabía que estaban muy bien armados. Eso no estaba cerca de intimidarnos contra el posible botín. Era imperante dar un golpe sorpresivo pero seguro, aunque nuestra sangre fría no nos permitía considerar que fuese cuestión de vida o muerte. La bilirrubina anunciaba y nos preparaba para otra aventura más. Cuando estaba como a algunos cuatro metros de distancia, saqué mi pistola Lugger. «Nadie se mueva», ordené con firmeza tratando de intimidarlos.

Sostenía la pistola a medio brazo apoyado en el lado derecho de mi cintura para prevenir ser visto de lejos. Simultáneamente, daba pasos cortos hacia adelante girando la vista de lado a lado para mantener el control de la situación.

Todo salió perfectamente sincronizado. En ese mismo momento Forty Seven despojó a la mula del cargamento cuidando de no obstaculizar la línea de fuego. Los demás muchachos se encargaron de los otros. De repente uno de los guardaespaldas salió corriendo gritando por su vida. Un jovencito del grupo llamado Picky, lo había apuñaleado con una bayoneta. Después de desarmarlos, les ordenamos que partieran caminando normalmente sin mirar atrás. Salimos de allí a la carrera, nos montamos en un carro que nos esperaba y nos dimos a la fuga.

Todo el día, la noche y hasta el amanecer, estuvimos recluidos en un motel con un grupo de las muchachas del barrio.

Dispuestos a morir peleando

Nos informaron que unos matones a sueldo andaban patrullando la vecindad, procurando a los perpetradores del referido encuentro. Ofrecían buen dinero por cualquier información que descubriera a los responsables del frío atraco a su conexión. Me imaginé que no tardarían en comprar a alguien del barrio si en verdad estaban ofreciendo una buena cantidad. La vieja técnica de usar una recompensa codiciable nunca falla en la calle. Siempre hay alguien dispuesto a venderse. En efecto, no tardamos en enterarnos de que ahora inquirían directamente por mi persona.

Así que fuimos al último lugar en el que preguntaron por mí. Les dejamos dicho que estaríamos regresando tan pronto enviaran por nosotros. Después del desafío abierto, decidimos estar más listos que nunca. No abusamos de las drogas por unos días. Ya no solíamos visitar lugares públicos. Estábamos conscientes de ciertos peligros. Decidí no tener mujer en casa. Tampoco que anduviera ninguna con nosotros. Mucho menos permitía que estuvieran conmigo amigos que no fueran de guerra.

Un día Abby el Cordobés y Campeche que estaban en una posición de cuidado y reclusión similar a la mía, por algunos actos violentos, quisieron que compartiéramos privadamente un momento. Yo había decaído bastante por el vicio. Ellos permanecían aún como conexiones activas. Ya alumbrando la luz de un nuevo día, después de haber compartido un precioso momento, me encaminaron a casa. Entramos a mi edificio. Tan pronto abrí la puerta de entrada, y vimos a un hombre con una bolsa en mano y un periódico bajo el brazo, lo encañonamos con tres revólveres diferentes.

—Si te mueves, te mueres —amenazó Abby el Cordobés.

—Eres bastante bravo compadre —se burló Campeche con su tono de campesino criminal.

—¿Qué pasa? —preguntó el hombre sumamente asustado.

—¿Quién te mandó? —le pregunté.

Mientras le registrábamos la bolsa y el periódico, llegó un vecino muy conocido. Los muchachos lo encañonaron también.

—¿Qué pasa vecino? —preguntó el recién llegado mirándome.

Ellos se dirigían a trabajar. Laboraban en una fábrica. Confirmamos eso rápidamente. Yo había visto a ese vecino vagamente en el edificio. Aparte de eso, tenía su almuerzo muy bien preparado en la bolsa. Nos despedimos con una cordial excusa.

Lee el loco, uno de los «Hermanos Valientes», me informó que una conexión del bloque también me procuraba ver porque le había llegado información de que yo intentaba quitársela. Le aseguré que estaba dispuesto a verme con ellos porque yo no «inventaba» con la gente del barrio. Mientras me acercaba a su territorio, le pasé mi pistola a él, como la mejor muestra de mi franqueza. Tan pronto entramos al apartamento, uno de ellos quiso violentarse. Se puso en posición de boxeador. No permití que me agrediera. Lee y otro de los que estaban adentro le pidieron que se tranquilizara. Tenían una mesa con varias sillas en la sala. El Flaco me pidió que me sentara.

—¿Por qué tratas de intimidar a mis trabajadores en mi ausencia? —preguntó el Flaco con la frialdad de los muchachos del bloque cuando quieren intimidar.

—Explícame, ¿Cuándo sucedió eso? —pregunté.

—Pónganle las esposas —gritó alguien desde atrás.

No me resistí ya que me imagine que algún cañón estaba apuntado directamente a mi cabeza. Me hicieron varias preguntas. Las contesté con confianza porque estaba totalmente limpio de culpa y lo di a demostrar.

—Ustedes saben muy bien que yo se la he quitado a mucha gente. Pero si alguien aquí puede señalar a una sola conexión o persona del bloque que yo le haya quitado algo, que sea ella la que me dispare el tiro de gracia —dije con toda convicción jactándome de una verdad innegable hasta esa hora.

Me despidieron diciéndome que de todos modos yo perjudicaba a la vecindad, lo cual era muy cierto. ¿Acaso no hacen eso todos los viciosos?

Situaciones como esa me hacían reflexionar, pero era muy difícil cambiar. A veces duraba tiempo pensando en alguna manera de salir del vicio. Trataba como aquel que sufre de parálisis, pero estaba impotente; carecía de fuerzas para salir del vicio.

Otro incidente que me hizo reflexionar y por el cual tuve varios días sin fumar pipa, ocurrió con mi mamá y María, su joven amiga y compañera del juego de bingo, si bien recuerdo. Regresé a casa después de algunos días de estar de juerga consumiendo sin comer alimento alguno. Me estaba fumando una de las últimas piedras, cuando sentí que alguien abría la puerta con una llave. En medio de la paranoia que me daba para ese tiempo, escondí todo rápidamente; pero cuando quise agarrar la palanca policíaca para impedir la entrada, era tarde. El impacto de ver a mi mamá fue tan vergonzoso y sorpresivo que quise esconderme. Empecé a correr, pero cuando llegué a la cocina, María me abrazó con fuerza por la cintura.

—Ay hijo. Ay hijo —gritaba mamá repetidamente con gran lamento.

—Suéltame. Suéltame —le grité a María.

Mientras forcejaba por soltarme, caímos enredados al piso.

—Juanita, no llore. Salvador va ser evangélico y pastor —gritó ella desde el piso dejándome casi sordo.

Nos quedamos tranquilos. Me fui al cuarto. Respetaba mucho a mi madre. Aunque estaba en el vicio la veía como la mejor persona del mundo debido a su amor. Cuando pude, salí de casa avergonzado y pensativo. ¿Por qué no ser cristiano? Después de todo, los cristianos son los únicos que tienen paz en el mundo. Nunca me olvido del rostro lleno de paz que tenía Damián, uno que se había convertido después de haber estado preso en Bordentown. Meditaba en todo eso. Sabía que me convenía cambiar, pero estaba tan dominado por las drogas como un buey por su yugo.

La vida por un pipazo

Fumábamos en casa de Joe y Jenny la hermana de Kenny, otra guarida de piperos, localizada en la Calle 142. Aunque teníamos suficiente material procesado en una mesita que estaba en medio de algunos diez hombres y mujeres, en el momento del arrebato, empezábamos a buscar «una roquita que cayó por aquí» por largo rato. Era increíble que eso sucediera con tanta frecuencia.

—Dejen de buscar la roquita esa. Tal vez nunca cayó al piso. Sigamos fumando. ¿Es que no se dan cuenta que…? —se quejó uno de los nuevos piperos que perdió la paciencia.

—Cállate. Yo vi que cayó por aquí —interrumpía el otro.

—Simplemente me pregunto: ¿por qué hay que fumar con revólveres en mano? Se nos puede zafar un tiro. ¿Por qué tanto calambre? —se quejaba también Israel, uno de los muchachos que tenía un punto en esa vecindad de la 130 y pico, como decíamos.

—Me van a tener que matar tirando —aclaré mientras soltaba mi rifle M1 recortado que usaba suspendido de la nuca por una correa de cuero y que ahora reposaba sobre mis piernas, mientras sostenía la pipa humeante entre mis manos.

El minuto en que se terminó el material, salí con Mon a visitar a mi amigo Pupi, que tenía un punto muy cerca de allí. Al no encontrarlo, nos desesperamos. Mon hizo señas para que lo siguiera. Sacó su arma tan pronto entramos a un negocio. Ordenó que se le entregara todo el dinero. Seguidamente forzó al negociante a ir a la parte de atrás y lo dejamos allí amarrado con su propia soga. Regresamos a fumarnos la poca ganancia. Por dos razones prefería no asaltar a negociantes. Mi filosofía era que primero tenían derecho de reportar el robo a la policía por su posición de ciudadanos honrados y, segundo, rara vez tenían un buen botín. Al contrario las conexiones y gente de la calle en general tenían que pelear por lo suyo y usualmente el botín era mayor. Además, sentía menos culpabilidad asaltando a gente que yo creía estaba en la maldad. Naturalmente, varias veces lo hicimos, aunque otras fuimos totalmente confundidos y engañados.

Recuerdo que caminaba por una calle oscura en horas de la madrugada con otros tres maleantes. Nos habían informado que un tipo cargaba una gran cantidad de cocaína. Salimos tras él. Lo alcanzamos cerca de la 160 y Fort Washington. Una vez cerca del hombre, que iba acompañado de una dama, le pedí que tuviera la amabilidad de darme un fósforo para encender el cigarrillo que tenía en mi mano izquierda. Aproveché que él metía su mano en su bolsillo en busca del fósforo. Saqué mi cuchilla y rápidamente se la puse en la garganta. Le pedí la droga que cargaba con un término callejero. Por su mirada entendí que no tenía idea de lo que yo hablaba. No era ninguna conexión. No era un hombre de la calle. Felipe lo registró de arriba a abajo como teníamos por costumbre, para despojarlo de armas y todo lo que tuviera algún valor.

Inmediatamente intentamos darnos a la fuga, regresando al carro de Mon que estaba a unos cuantos autos de distancia. El caballero del fósforo tenía su revolver en la mano. Empecé a correr. Entonces abrió fuego con mucha valentía y precisión, hiriéndome en el costado. Siguió disparando, pero corrí rápida y desesperadamente hasta llegar a Broadway, tomé un taxi y luego, aunque boté mucha sangre, pude llegar al hospital sobre mis dos pies.

Más tarde me informaron que el caballero era un policía. Él pudo con todo derecho de ciudadano plantearme una guerra que yo jamás ganaría. Sin embargo no lo hizo. Me perdonó el agravio; lo cual consideré un milagro.

Felipe, Mon y un joven que andaba esa noche con nosotros, escaparon sin rasguño alguno. Pero días después la muerte alcanzó a Mon en otro incidente. Fue un hombre firme en la calle, se ganaba el respeto de cualquier delincuente a primera vista. No gozaba engañando a nadie. Pero desde que entró en el vicio de la heroína y la cocaína, arriesgaba su vida por una bolsa de manteca o un pipazo. Por esa razón se acortó su vida. El último día que lo vi, le dije: «Cuídate porque se oyen rumores que hay gente que busca ocasión para limpiarte el pico». Era un hombre muy seguro de sí. No recuerdo que me contestara palabra alguna. Al día siguiente, me llegó la noticia de que habían asesinado de una manera muy fría y violenta a Mon junto a otros dos de los muchachos del bloque.

Estos sucesos no nos hacían escarmentar. Sucedía una tragedia tras otra. En horas de la noche enviaron a pedirme un revólver ya que un punto de los que más estaba vendiendo no contaba con protección. Por la relación familiar de Forty Seven y el dueño del punto, el cual también me había socorrido en tiempos de necesidad, le presté la «fuca» (como llamábamos al arma), al manager del apartamento. Forty Seven había sido arrestado pero saldría en unos días.

Regresamos a la hora estipulada de la madrugada a buscar la fuca, pero se nos pidió que volviéramos en una hora. Cuando regresamos, ya no había nadie en el apartamento. Así que ordené que alguien entrara por la ventana. Una vez dentro, no encontramos el revólver. Kenny Kent, que había sido uno de los primeros en enriquecerse vendiendo heroína en el bloque, y que cayó igual que yo en el vicio, dijo que se llevaría la televisión porque la había empeñado anteriormente. No tuvimos razón de dudar de él ya que todavía no estábamos al nivel de robar un televisor.

Yo me fui a dormir a casa, porque ya tenía algunos tres días en la calle. Estaba agotado. Cuando regresé a la Calle 158, que era el nuevo lugar que frecuentábamos, me informaron que habían secuestrado a Kenny y que se rumoraba que lo habían torturado y asesinado en el mismo punto de la noche anterior. Esto fue muy doloroso para mí y para los muchachos del bloque. Kenny era muy querido. Nos conocíamos desde antes de caer en la delincuencia. La relación de nosotros tenía muy gratos recuerdos. Nos armamos hasta los dientes y decidimos tomar venganza.

10
Arrestos

Mientras se llevan a cabo muchos de los asaltos, también ocurren algunos arrestos, estableciendo así que, estos acontecimientos no siguen necesariamente un orden cronológico.

Una noche, mientras Forty Seven y yo salíamos de un taxi en la Calle 158, un joseador y pipero amigo llamado el «Negro Di» quiso hacerse el gracioso anunciando que habían llegado «los atracadores». Forty se ofendió y le dio una cachetada al Negro Di. Entre los presentes, salió un dueño de punto de cierta influencia para ese tiempo confirmando que en verdad nos habíamos convertido en una amenaza para todos. Como nos impidieron a esta última persona y a mí tirarnos par de puños, decidimos que su insulto le costaría caro.

Subimos a la azotea dejando a dos de los muchachos vigilando en las escaleras. Tomamos una soga y la amarramos de un tubo. Luego Forty Seven se ató la soga y mientras yo la agarraba y la controlaba de pie sobre el extremo de la parte de atrás de la azotea, él descendía para llegar a uno de los pisos más altos donde estaba el punto del individuo. De repente, mientras descendía lentamente, perdí el equilibrio. Como estaba tan delgado y débil a causa del vicio y él descuido, pensé que había llegado la hora de mi amigo. Aunque estaba sobre el extremo del borde de la azotea y mi vida peligraba porque podía caer de ese sexto piso, resistí hasta que pude, pensando que en última instancia sería mejor dejarlo que cayera yo. Su agilidad me ayudó. Después de tambalear repetidas veces dando patadas en el aire, mientras sostenía la soga que amenazaba con romperse a causa de tanta presión, Forty Seven afirmó sus pies sobre la base de la ventana y prosiguió a entrar al apartamento. Tomamos las armas y unos cuantos gramos de cocaína que había.

Sorprendidos por la policía en medio de una transacción

Casi a las doce meridiano del siguiente día, Picky y yo fuimos a la 163 a una encomienda rápida para regresar a un apartamento del que nos habíamos apoderado en la Calle 167. A este apartamento lo llamábamos la fortaleza. Un guardia cuidaba la puerta con su carabina al hombro cuando estábamos presentes. Evitábamos ser sorprendidos. Eran muchos los que se referían a nosotros, diciendo: «Están calientes». Cuando salíamos de esa calle, alguien vino y dijo que había un cliente que estaba en el área buscando algo bueno pero que no estaba satisfecho con lo que se le mostró. Decidimos venderle cuando dijeron que él quería por lo menos unos treinta gramos. Yo tenía como cuarenta y cinco y necesitaba dinero en efectivo. Esperamos al cliente dentro de un edificio. Una vez en el interior del pasillo del edificio, pidió ver la cocaína

—Déjame ver lo que tienes —exigió con tono de comprador adinerado.

—Si compras los treinta gramos a precio regular, te regalo un gramo extra —le propuse.

—Trátame mejor. Estoy en serio —dijo mostrando un rollo de papeletas bastante codiciable.

Así pasaron unos minutos. Nunca me gustó negociar en la calle de esa manera. Por lo tanto le hice una última oferta.

—Mira. Aparte de la cantidad a buen precio te regalaré un segundo gramo. Llévatela o déjala.

—¿Por qué tanta presión, primo? —respondió en un tono sarcástico esquivando el cierre de la venta.

No bien terminó su burla cuando saqué mi revólver y se lo puse en la cabeza. Picky Louis también lo apuntó desde la portezuela que lleva al patio del fondo del edificio. De repente en ese momento, entró un policía arma en mano gritando:

—Tira el revólver al piso.

—¡Uaay! —gritó el cliente mientras yo le daba tremendo empujón en dirección al policía.

Como para ese tiempo estábamos negociando cerca de esa portezuela, me lancé por ella. En ese momento no vi lugar por el cual escapar. Así que tiré el revólver 38 niquelado lo más lejos que pude. Me escondí con Picky detrás de una pared del edificio. Desde la portezuela el policía gritó: «Salgan de ahí con las manos arriba».

En el precinto legal nos acusaron de posesión de armas de fuego. Me registraron pero no encontraron la cocaína que todavía tenía encima. Mientras los policías estaban ocupados llenando sus papeles, Picky y yo, empezamos a quebrar roquitas de perico hasta molerlas. Metíamos el polvo en los cigarrillos y uno fumaba mientras el otro vigilaba. Así estuvimos fumando todo el tiempo en esa celda adyacente a los policías. Cesábamos solamente poco antes de yo caer en un estado profundo de alucinación. Luego la suegra de Picky vino al precinto y le entregamos una parte mientras guardamos otra para «seguir de rumba» de celda en celda hasta llegar a Rikers Island.

Una redada sorpresiva

Me asignaron una fianza de unos mil dólares. Mi abogado fue a recibirme. En el taxi empezamos a fumar juntos. Luego de llegar a Manhattan, él se despidió avisándome que me cuidara. Llegué a la vecindad, a mi apartamento de la 139. Ya estaba por perderlo. No había pagado el alquiler hacía dos o tres meses. La China, que vivía conmigo para ese tiempo, había convencido al juez que nos diera un tiempo para pagar o mudarnos. Decidí correr el riesgo de pasar por la 158 con la expectativa de encontrarme con los muchachos. La China hizo todo lo posible por impedir mi salida. De manera que tuvimos una riña no pequeña, pero tenía tanta ansiedad por la calle que menosprecié cualquier esfuerzo que ella hiciera en contra. Como todavía era otoño no hacía tanto frío para vestir un abrigo largo y llevar mi rifle M1, por tanto me atreví a salir desarmado.

De todos modos llegué con exactitud a la Calle 158. Un hombre de otro estado vendía revólveres nuevos que había traído. Una vez en el pasillo de un edificio infectado de puntos de droga, él me pasó uno calibre 38. Le dije que parecía más un 44 que un 38 por lo grande y grueso que era. Le pedí que me prestara una bala 38 para convencerme. Tenía un aspecto de caballero muy pronunciado. Cedió. Entonces tomé la bala y la puse en uno de los seis hoyos de la masa, pero inmediatamente la roté hasta ponerla en posición de disparar. Lo apunté con el revolver y le dije que me quedaría con él. Lamentó haber confiado en mí. Le dije que no podía andar desarmado y que como recién salía de la cárcel no tenía ciento cincuenta dólares que pedía por el revólver. Le pedí que me diera un tiempito. En eso vi a un cliente desconocido que se dirigía a un punto a comprar. Le quité ciento veinticinco dólares. Se los entregué al vendedor de armas junto con un «buchito de cocaína».

Todavía para ese tiempo había gente que me pagaba viejas deudas. También encontré en casa dentro del colchón de mi recámara un rollo de papeletas de veinte dólares que sumaban unos mil. Empacábamos el dinero así cuando «estábamos en la buena». En varias ocasiones encontramos cantidades menores en los trajes, gavetas y otros lugares. Por último un reloj casero que me vendió una amiga en un precio bajo relativamente, resultó ser una joya de valor superior a los ocho mil dólares. Lo negocié a cambio de una cantidad de cocaína a Oggy, que era la persona que tenía el punto principal de la Calle 158. El vicio se hacía más fuerte cada día hasta que tuve que vender los abrigos de piel, ropas y cualquier pieza casera de cierto valor. Pasó el tiempo y también nos vimos sin apartamento. Me mudé a la Calle 158, que para entonces sustituía a la 163 en el narcotráfico.

Una mañana me encontraba fumando pipa con Leo el Químico y una amiga en un apartamento del primer piso donde había mudado el equipo de oficina que todavía mantenía. De repente, alguien tocó la puerta con violencia. Se oyó un grito: «Policía. Abran la puerta». Corrí hacia la ventana. La subí y sin pensar que estaba a una distancia de alrededor de tres metros, me lancé. Caí sobre la basura que había allí. De repente sentí que mi amiga también había saltado, pero encima de mí. Corrimos como locos lejos de aquel lugar evitando el arresto. Entonces me atacó un dolor muy fuerte que me aquejó unos cuantos días.

En otra ocasión, me encontraba en ese mismo apartamento con Leo. Después de fumar por un largo rato, ingerí varias bolsas de heroína y, como el león después que se come la cabrita, me dormí en un colchón en el piso con la China. Leo cayó dormido poco antes que nosotros, luego de narrarnos la manera en que se convirtió en un tipo poderoso cuando aún yo ni pensaba estar en el delito, lo cual era muy cierto.

—Levántate —oí una voz que gritó mientras sentía una fuerte presión en el pecho.

—¿Qué pasa? —pregunté con mucho susto mientras veía claramente que un policía me gritaba, mientras me pisaba el pecho hasta casi pararme la respiración.

—¿Dónde está el rifle? —preguntaba mientras entraba una nube de policías al apartamento.

—¿De qué rifle me habla? Yo no vivo aquí. Soy un drogadicto. Me dormí aquí —dije como pude entre dientes ya que me presionaba aun más con el pie.

La China trató de protestar pero la tumbaron de una bofetada. A Leo también lo trataban violentamente para que despertara.

—¿Dime dónde está el rifle? —insistió el policía con los demás haciéndole eco.

Repentinamente, se acercó a mí uno que parecía latino.

—Mira tu rifle aquí estúpido. ¡Míralo! ¡Míralo! —gritó mientras me lo sacudía cerca del rostro y me proporcionaba repetidas patadas con mucha furia.

—Yo nunca he visto ese rifle en mi vida —mentí, fingiendo inocencia.

—Le dirás eso al Juez —me amenazó un segundo mientras que un tercero me incorporaba violentamente halándome desde atrás presionándome con las esposas.

Cuando salimos esposados vi muchos carros de policías. Mientras nos llevaban hacia el precinto treinta, me preguntaba cómo entraron allí sin darme cuenta. Luego descubrí que Héctor, uno de los muchachos del grupo que andaba conmigo, había sido sorprendido saliendo de otro apartamento y entrando a este en el que estaba yo. Forty Seven y varios más fueron también arrestados en otra parte del edificio.

Una vez en el precinto, los policías se reían, disfrutando el magno arresto. Pude escuchar a algunos de ellos narrando la acción. Uno, que me parecía el payaso del grupo, narraba todo en forma de chiste, con mucha gracia.

«Estos delincuentes son tan bravos que les di un golpe tan certero en la boca del estómago a uno que se vació completamente en los pantalones. Tuvimos que darle tiempo a que se cambiara el pantalón y con todo eso la peste se sentía en el carro. Estaba podrido el maldito tecato ese», se burlaba el policía mientras yo escuchaba atentamente desde mi celda. Sus compañeros gozaban el momento. Celebraban un concierto de carcajadas. La verdad es que no era para menos. Yo también me reí.

En el interrogatorio me dijeron que la razón del arresto fue la queja de varias personas que concordaban en que yo estaba aterrorizando a la gente con un rifle. Me propusieron que firmara una declaración de culpabilidad por posesión ilegal de arma de fuego para que el juez fuera clemente conmigo. Me instaron a que declarara para que «la dama» arrestada conmigo saliera libre. Una vez en el tribunal, el juez quitó la acusación por violación policial de allanamiento ilegal ya que no contaban con un permiso para entrar a ese apartamento, del que además yo ni era ni tenía relación con el inquilino.

El vicio destruye a la juventud

Intenté dejar el vicio más de una vez. Pero como tela de araña que enreda a su presa, así me enredaba más cada día el vicio hasta consumir mi propia vida. Mi madre estaba muy delgada y afectada emocionalmente por la situación. Me sentía tan mal por eso. Una noche, fui a dormir con ella a casa de mi hermana de crianza Miriam, hija de mi padrastro Delfín, entré al baño y mi sobrinito Junior que quizás contaba con algunos tres o cuatros años de edad, quedó traumatizado. Rehusaba entrar al baño porque no «quería ver a tío Feo». Me sometí a la petición de mi madre de entrar a un programa de drogas. Se tomaron tanto tiempo llenando papeles que me «enfermé por ausencia de cura». En mi desesperación, me excusé para ir al baño y me fui a la Calle 170 y Ámsterdam al parque de la piscina de Highbrigde que era el punto principal de heroína para ese tiempo. Aquello parecía un hormiguero de tantos jóvenes que había. Sin duda la droga estaba destruyendo a la juventud de los ochenta.

Una jovencita que llamábamos cariñosamente «Shorty» entró aterrorizada a nuestro nuevo apartamento en la 158. En un estado de agonía relató la historia de dos hombres que la violaron en una azotea después de salir de un punto. Salimos como centellas hacia allá. El portero no nos pidió las armas como era su costumbre. Esto no se hacía con nosotros. El propietario salió y me recibió con mucho respeto.

—¿Qué pasó con la Shorty, loco? —le pregunté en buen tono porque lo tenía como hombre de bien.

—Sé que algo pasó, pero en realidad no sé qué —dijo mientras me invitaba a sentarme.

—Alto ahí. Nadie se mueva —gritaron Héctor y el Forty mientras desarmaban a los dos trabajadores.

—¿Qué es esto Salvador? —preguntó el dueño con mucho asombro mientras se arrodillaba.

—Quiero que sepas que esto no es un tumbe. Hemos venido a razonar, le aseguré, la Shorty vino aquí a comprar un buche y fue abusada.

Hablamos como caballeros. Él explicó que la cuestión empezó en su punto pero terminó fuera de allí. Él no tenía componendas con violadores. Así que prometió entregar a los perpetradores. Le pedí que le enviara unos siete gramos a la Shorty para calmarla hasta que nos vengáramos de los violadores. Así lo hizo.

Fuimos a consolar a la Shorty al apartamento de Nani la negra. Este apartamento se había convertido en la guarida de los piperos de la 158 así como el de Micho era la guarida de los piperos de la 163 y el de Carmen la de los tigres de la 130 y pico, aunque en realidad estaba ubicado en la 142. Nos sorprendió encontrarla tan animada. Tenía una buena razón. Se había aprovechado del descuido de una conexión. Le estafó bastante cocaína. Sin tiempo que perder, aparecieron numerosos frascos con agua y bicarbonato de soda. Se encendieron las antorchas. Mientras se cocinaba, se oía también el sonido de las rocas cuando las echaban a la pipa caliente. Parecíamos buitres devorando la presa.

Nani, como siempre, me decía que era el «amo» de su casa. Nos llevábamos muy bien. Todos nos sentíamos cómodos allí. Después que fumamos base por varias horas, llegó una mujer muy social y con apariencia de rica. Un tiempo después ella también fumaba, me miró fijamente a los ojos y empezó a hablar.

—Hablas como un predicador —me dijo poéticamente mientras me ponía la pipa en los labios ahora totalmente blanca del humo producido por la cocaína pura expuesta al fuego.

—Ya tengo que irme. Si vienes conmigo te daré todo lo que quieras —expuso esperando una respuesta.

—Esta mujer la agarró la nota con Salvador —fue la reacción de algunos.

—Vete Bi y cúrate. Esa vieja está podrida en dinero —dijo el Forty en español para que la mujer no entendiera.

Negué la propuesta pero mientras todos hablaban, especialmente las muchachas del grupo que acusaban a la mujer de descarada, yo temblaba por dentro porque las palabras de esa mujer me recordaron otras veces en que oí decir que yo era predicador. Ella se marchó y seguimos fumando.

Luego llegó mi joven amigo el Sweepy, a quien entrené para trabajar pesando material en tiempos en que Varón y yo distribuíamos el perico que denominamos mortífero. Fumamos hasta que empezamos a oír sonidos extraños. Yo buscaba una piedrita por el piso y así se contagiaron unos otros y también buscaban aunque todavía quedaba bastante sobre la mesa. Seguí oyendo sonidos.

—Tu vida es un libro —me dijo Nani.

—¿Por qué dices eso prieta? —le pregunté con cariño mientras seguía buscando la roquita perdida.

—Silencio todos. Oigo los radios de los policías que salen del precinto para romper esta puerta —dije mientras hacía señas pidiendo silencio absoluto y me preparaba para tomar un vaso de cristal y usarlo como audífono contra la pared o alguna tubería, como tenía por costumbre.

—Estás arruinando el momento con esta asustadera —reprendió la China.

—Cállate la boca. Estás celosa —le grité—. Escondan las armas que oigo clarito los radios policiales que anuncian esta dirección —dije con notable exigencia hasta que me obedecieron.

En esa misma hora tocaron la puerta con violencia. Nuestros ojos, que ya estaban brotados por el abuso de la cocaína, se abrieron aun más supremamente asombrados.

—Policía. Abran la puerta —se oyó la orden.

—Entren por favor —alguien abrió la puerta mientras todos fingimos estar tranquilos.

Entraron algunos detectives. Uno se me acercó.

—Esta pipa es tuya. ¡Ah! Contesta. ¿Es tuya? —decía con la pipa en una mano y su revólver en la otra, mientras miraba a cada uno de nosotros.

Se reunieron todos en la sala. Nos preguntaron que si vendíamos drogas en ese apartamento. Le dijimos que no. Yo afirmé que era un vicioso simplemente. Quebraron algunas pipas que lograron encontrar. Cuando se marchaban, uno de los policías vio la mía que estaba al pie del sillón donde yo estaba sentado. La tomó y mientras caminaba hacia la puerta, dio un giro y lanzó la pipa en mi dirección con mucho enojo, quebrándola entre mis pies.

En ese grado de mi embriaguez, las alucinaciones se hacían más frecuentes cada vez que fumaba. Mucha gente no quería fumar conmigo porque siempre estaba viendo y oyendo algo extraño, usualmente con mi pistola en mano. Oía y veía cosas raras pero muchas de ellas resultaban muy reales. Yo fumaba en casa con Forty Seven. Hacía brisa; era una noche fría, oscura; aproximadamente las tres de la mañana. Repentinamente, se oyó un grito agudo. Estaba convencido de que alguien era torturado. Le hice señas a Forty Seven para que prestara atención. Él señaló hacia arriba confirmando mi sospecha.

—Bi, «chequeemos» (revisemos) a ver qué pasa —susurró él— te lo digo. Están torturando a alguien —dije en un tono similar.

Cuando procedíamos a subir, un hombre vigoroso bajaba la escalera con tanta prisa que no tuvimos más remedio que abrirle paso. Nos pasó por el lado rápidamente, con notable agresividad, casi empujándonos. Al llegar al cuarto piso, empujamos la puerta del apartamento de Mike el Moreno. Estaba tirado en el piso sobre un charco de sangre. Se quejaba sin cesar. Su rostro tenía una apariencia monstruosa; parecía carne machacada.

Súbitamente, oí que alguien tiró la puerta violentamente. Forty Seven perseguía al supuesto maleante que, según Mike, era uno de los cobradores de la pandilla negra. Mike había sido uno de esos vendedores de drogas que no habían podido resolver una deuda. Tenía «una cuenta vieja» y por eso se había ganado más de media hora de tortura en manos de un hombre frío, feroz y fuerte con más de un metro ochenta de estatura y algunos cien kilogramos de peso. Mike, al contrario, era de altura y contextura mediana pero el abuso de la base, la malnutrición y las frecuentes malas noches lo habían convertido en un anciano prematuro. Con todo eso, sin embargo, había algo muy lindo en él. Su condición no había afectado una característica que ganaba los corazones aun de los hombres endurecidos como mis amigos y yo. Mike tenía la sonrisa de un niño muy ajeno a las discrepancias de la vida callejera. Dejando a Mike al cuidado de uno de los muchachos, salí disparado, impulsado por un espíritu de venganza. Corrí hacia Broadway. Cuando llegué frente a «The Monarch», un bar muy frecuentado por los delincuentes de una pandilla local, Forty Seven y otro amigo intercambiaban puñetazos con el cobrador que golpeó a Mike. Con voz de trompeta, grité a Forty Seven que se echara a un lado. Saqué mi revólver 38, y sin tomar en cuenta los gritos de hombres y mujeres que salían y entraban al bar, hice dos disparos consecutivos. El hombre cayó al suelo retorciéndose y dando gritos. De repente se oyeron otros disparos, tras de mí. Me posicioné detrás de un carro. Todos corrieron. En medio del bullicio y el tiroteo, se oyeron sirenas policiales. Moviéndome en zigzag entre los automóviles estacionados al frente y al lado derecho del bar, traté de burlar las patrullas que para ese momento se habían multiplicado como un enjambre. Entre las luces y sirenas, corrí y me reuní con los demás muchachos que rápidamente me facilitaron un vehículo para escapar.

Francamente, poco nos importaba lo que quedaba atrás. Nuestros corazones estaban endurecidos. La violencia era solo una aventura más. Éramos hombres de la calle, títeres de Satanás. Practicábamos su triple función: hurtar, matar y destruir.

Luego me informó Mike que ese era el tercer hombre de esa pandilla peligrosa que yo confrontaba. Después del incidente empezaron a buscarme como aguja en pajar. Al primero de ellos, le había quitado un cargamento de droga. Al segundo, lo sorprendí bajando por un cuarto piso y desde el tercero le dije que me tirara el paquete de droga, el dinero y su pistola. Me voceó que si yo subía un escalón hacia donde estaba, se tiraría por la ventana que estaba abierta a su izquierda. Yo traté de convencerlo de que podía morir si se tiraba, pero tan pronto intenté dar el primer paso, se lanzó. Se oyó un tremendo grito seguido por el golpe cuando cayó al piso. La ambulancia lo llevó al hospital, quedó en una silla de ruedas con serias complicaciones. Así que decidieron acabar conmigo. Pasados unos días, sorprendí a otro de la misma pandilla tratando de hacerme una encerrona. Cuando quise actuar, era tarde. Él corría calle abajo para regresar con un grupo tan fuerte que entonces el que tuvo que correr por su vida fui yo junto a otros dos que estaban conmigo.

Empecé a cuidarme más que nunca pero el vicio me exponía. Tenía tantos enemigos para esa fecha que no me atrevía a ir solo ni a la esquina. Varón regresó de la República Dominicana y me propuso regalarme un medio octavo o sea sesenta y dos gramos y hasta fumárselo con la promesa de dejar la pipa para dedicarme al negocio. Le dije que no me atrevía. Él insistió. Entonces fumamos lo ofrecido con dos amigas del bloque. Sin embargo, para el tiempo en que le llegaron los diez kilos de puré que esperaba, yo iba rumbo a las celdas de acero de «los bloques en Rikers Island».

Forty Seven y yo empezamos un negocio de intercambio de ropa de invierno con dos personas que tenían un camión lleno de vestidos. Ellos nos pidieron dinero y perico. La transacción se frustró. Yo también. Entonces regresaron al camión con dos carritos de supermercado llenos de esa ropa. Yo les apunte con una escopeta recortada de doce cartuchos y demandé en medio de la 158 que dejaran la ropa donde estaba y se fueran o peligraban.

Uno o dos días después, me había dado unos pipazos tan fuertes que salí del apartamento a tomar el aire fresco de la joven noche. Coloqué la escopeta debajo de la escalera, todavía con el zumbido en los oídos que produce una alta dosis de cocaína procesada. Entré a casa de Nani. Ella me pidió con mucha preocupación que me fuera del bloque porque temía que cayera preso. Salí rápidamente de su casa; quería aire fresco. Unos muchachos jugaban baraja en la cera posterior del edificio, disfrutando a la intemperie. Me acerqué a ellos mientras se preparaban para repartir las cartas. Tomé las barajas y las revolví. Me dispuse a sacar una carta y tirarla para «ver mi suerte». Salió el rey de basto que es el número trece y dije. «Muchachos nos vemos. Hoy no es mi día». Y encendí un cigarrillo.

Tan pronto di unos pasos, oí una voz masculina detrás de mí:

—Perdone la molestia señor. ¿Cómo se llama?

Me volteé y le di un nombre que no recuerdo.

—¿No tiene usted otro nombre? —preguntó un segundo hombre detrás de mí mientras me alumbraba la cara con una linterna.

Apareció otro que se me acercó mucho más y me pidió que fuera con ellos al precinto 30. Me pusieron en «la línea» junto a otros sospechosos. Yo fui el escogido. Cuando salí, un policía me dio con la mano abierta en la espalda, simultáneamente, diciéndome: «Felicidades, te sacaste el premio». Fui identificado como el perpetrador de un robo a mano armada. No vería más las calles de Nueva York por casi tres años. La prisión: lugar de rápida entrada y de lenta salida.

Rejas

Dos policías me sacaron de la celda del precinto 30. Me pusieron las esposas y me llevaron a Central Booking (lugar donde procesan los casos de los detenidos). Una vez tras las rejas de ese reclusorio de espera, empecé a sentir la incomodidad de la falta de heroína. Me acosté debajo de un banco, pero las esposas no me permitían ningún tipo de comodidad. No tenía cigarrillos. Sentía mucho frío. Me sentía de muy mal humor. Estaba enfermo. Así pasé toda la noche cuando estuvimos en tránsito de Central Booking a un precinto central y luego finalmente al tribunal, me balanceaba de un lado del piso al otro.

Viajábamos dentro de un camioncito policial al que llamábamos La Perrera. Iríamos algunos diez, negros y latinos principalmente. Todos atados a una cadena por las manos y grillos en los pies. Después de fumarme una colilla de cigarrillo que le pedí a otro preso, daba cabezazos del sueño, cuando un prisionero que estaba frente a mí me gritó al oído a la vez que me pegaba un puntapié: «¡Oye! ¡Me estás halando la cadena!» En otra ocasión habría peleado. Admito que no tenía fuerzas ni para hablar fuerte. Una vez, entramos al bullpen, como llamábamos a la celda de espera en el tribunal, caí al piso por el dolor de espalda. No me importaba que estuviera acostado sobre un piso muy sucio, lleno de migas de pan, manchas de mostaza, y principalmente, mucha ceniza y colillas de cigarrillo. Así como el vaquero que tiene alucinaciones en el desierto cuando carece de agua y empieza a imaginarse un oasis entre palmeras, este piso mugroso parecía la cama de un hotel de cinco estrellas. A pesar de la enfermedad por la ausencia de heroína, me sentía tan agotado que nuevamente caí en un profundo sueño. Desperté por completo cuando oí al guardia llamar con insistencia a un preso para que pasara a ver al juez: «Antonio Jiménez», decía con un buen timbre pasando de una a otra celda con su planilla en la mano.

«Antonio Jiménez», repitió alzando más la voz y empezando a enojarse. Después de un rato se repitió la escena y empezamos a impacientarnos. «Ese Antonio Jiménez no me deja dormir», me quejé. Pero al poco rato pensé que el nombre me era familiar.

«Ese es uno de mis nombres. Creo que le di al guardia el nombre de mi tío, el Reverendo Antonio Jiménez», recordé.

Cuando el guardia pasó de nuevo por la celda en la que yo estaba, le pregunté: «Oficial, ¿Está usted llamando a Antonio Jiménez? Ese soy yo», dije acercándome a la puerta de la celda lleno de vergüenza.

El juez me fijó fianza y me llevaron a la cárcel de Rikers Island, popularmente conocida como La Roca. Los presos la llaman también La Isla, ya que es la única institución en la Isla Rikers. Para ese tiempo, según se comentaba, la población general del conjunto de edificios que componen a La Roca era de aproximadamente de unos doce mil convictos.

Enfermo en la celda del C-95

Cuando entramos al bullpen, la celda de bienvenida del edificio C-95 de La Roca, tenía dolores en todo el cuerpo. Wally y Veneno, amigos de prisión, me dieron mucho ánimo. Comimos juntos. Me tomé una bebida caliente. Luego descansé un poco en un banco y ambos se sentaron al lado mío a hablar.

—Dicen que estabas arrancando cabezas en la calle —afirmó Wally.

—Otra vez aquí detrás de las rejas por la pipa y la manteca —me quejé.

—¡La verdad es que viajó a África a buscar tal gorila! —se burló Veneno mirando a los demás presos.

En eso, otro prisionero se nos acercó mostrándonos una foto y el reportaje que publicaba un periódico acerca del caso de «Sangre Joven». Hablaba de un jovencito que empujó a su madre por la ventana de un quinto o sexto piso mientras ella planchaba porque, estando bajo la influencia de la droga «polvo de ángel», concluyó que era una bruja que hacía hechizos en su contra.

—Mira bien esa foto Dominica —me dijo el preso que me conoció en uno de mis dos viajes previos a esa cárcel.

—Fíjate, Bi, es ese tipo que esta ahí —exclamó Veneno.

—¡Es un diablo si mató a su mama! —decían algunos presos.

—Démosle una salsa (castigo) para que aprenda. Hay que quitarle la cadena y los zapatos también para capiar (fingir que era el motivo de la golpiza) —dijo Wally.

Los presos que usan tatuajes usualmente se hacen uno en toda la espalda que dice: «Perdón Madre». Ellas son las únicas que nunca olvidan a sus hijos por mal que se porten. Las únicas que vienen al salón de visitas con su paquete de ropas, cigarrillos y dinero para la comida. En honor a ellas y, por supuesto, por lo que él tendría encima de valor (que me serviría para comprar cigarrillos y metadona para curarme), cobré ánimo. Esperamos que el guardia abandonara su puesto y nos lanzamos al ataque. Le tiramos un abrigo encima que cubrió su rostro. Simultáneamente, actuamos en concierto. Parecíamos hienas devorando una cebra.

—¡Capitán! ¡Capitán! —gritaba a todo pulmón mientras le dábamos puños y patadas por todos lados y lo despojábamos de su cadena, sus zapatos y demás artículos.

Sabíamos que contábamos con poco tiempo.

—Estos malditos puertorriqueños me están matando —gritaba mientras sacudía las barras del portón de la celda, haciendo temblar todo aquello.

—Guardias. Sáquenme de aquí —continuaba gritando sin cesar.

Al poco tiempo empezaron a llegar los guardias y los oficiales.

—¿Qué pasa aquí? —preguntó uno de los capitanes.

—¡Cállate! ¡Cálmate! —le ordenaban los guardias mientras abrían la celda.

—Saquen a ese tipo de aquí. Está loco —protestó uno de los presos.

Un capitán ordenó sacar a Sangre Joven de la celda. Por lo visto, estaban al tanto de que había matado su propia madre. Se trataba de un caso muy mencionado. Parece que no les importó lo que empezaba a sucederle a ese joven. Hay crímenes que los mismos presos castigan. Este estaba primero en la lista. Aun antes que los casos de violación sexual a mujeres y niños. Se trataba del ser más querido de casi todos los presos: las madres.

Finalmente, nos llevaron a la enfermería. Yo estaba muy enfermo. La enfermera me calmaba pidiéndome con mucha dulzura que no me desesperara. Era una mujer muy parecida a mi madre. Se portaba como ella.

—Me parece que has perdido mucho peso —me preguntó.

—Sí. Si su pesa es exacta, he perdido casi cuarenta libras —le contesté.

—No entiendo por qué un joven tan sabio como tú has caído en un vicio tan profundo. Además, creo que vas a necesitar tratamiento. Tienes una enfermedad venérea —me informó.

Por último me dieron metadona y me enviaron al dormitorio del programa de desintoxicación. Allí los presos me dieron una dosis adicional de metadona. Caí dormido tan pronto se me asignó una cama. Desperté mientras el guardia de turno le daba fuertes y repetidos golpes a mi cama. Era la hora del desayuno. ¡Dormí entre unas doce a catorce horas!

Mientras me desayunaba, pude ver a muchos amigos que hacía tiempo no veía. Nos citamos para encontrarnos tan pronto se cumpliera la semana obligatoria en el programa de desintoxicación.

El mismo día que me transfirieron a la unidad de arriba, salí al patio que teníamos como parque de recreo. Pude ver a los amigos que me facilitaron más metadona a cambio de parte del precio que me tocaba por los artículos que le habíamos quitado a Sangre Joven. Era una tarde muy fría. Y peor aun para mí que no contaba con un buen abrigo. Fui detenido con una chaqueta de cuero negro pero sin camisa; con pantalones y zapatos negros, pero sin medias. Tan pronto sonó la campana, fui de los primeros en regresar a la unidad. Ahora los dolores del cuerpo se hacían más fuertes. Prácticamente me congelé en el patio. Me bebí una alta dosis de la metadona adquirida. Caí dormido como un oso polar, que duerme todo el invierno. Desperté cuando ya era de noche. La mayoría de los presos dormía. Y empecé una conversación con Villa Mella, uno de los muchachos de mi vecindad de la Calle 137. Otros presos también hablaban. El guardia ordenó silencio de una manera muy clara, a lo que hicimos caso omiso. Continuamos hablando. El guardia regresó.

—Si no se callan los voy a meter al calabozo —amenazó.

—Tú ¿y cuál ejército? —le respondí.

El guardia dio la espalda para marcharse.

—Te doy una patada en el trasero —dijo otro preso imitando una voz femenina.

Cuando yo empezaba a reconciliar el sueño, fui despertado por unos fuerte golpes en la cama.

—Capitán, este es el guapetón —acusaba el guardia de turno mientras otros guardias me alumbraban el rostro con algunas linternas.

—Levántate —ordenó el capitán.

No me dieron tiempo a levantarme. Me sacaron a empujones de la cama y de la unidad. Una vez que desaparecí de la vista de los demás presos, empezaron a darme puños y patadas. Me tiraron en una celda de recepción desocupada. Permanecí sobre el piso frío. Los efectos de la última dosis de metadona se desvanecían. Volví a sentir los dolores causados por la falta de heroína. Pensé mucho en la trampa en que caí a causa de ese vicio. No me gustaba el sabor de la heroína al principio. Recordé los primeros vómitos cuando mi cuerpo rechazaba la intrusa heroína que invadía la naturaleza física para crear tal dependencia. Pensé hasta el amanecer del nuevo día. Fui entrevistado por un capitán. Como resultado de mi supuesta infracción, me cambiaron a otra unidad para ser enviado al calabozo de otro edificio de Rikers Island, mejor conocido como los bloques, una verdadera selva humana.

Calabozo o manicomio

Las celdas parecían jaulas de aves; aunque no tan frágiles. Las barras eran gruesas, de acero; una fila abajo, otra arriba. Alguien pronunció mi nombre mientras el guardia me encaminaba a la celda. Oí el sonido desagradable de los barrotes cerrando los calabozos. Alexis, el marielito (como denominan a los cubanos llegados a Estados Unidos por el llamado Puente Mariel) me suplió material de lectura y también cigarrillos. De vez en cuando intercambiábamos mensajes a través del preso de confianza que pasaba de celda en celda velando que nadie se suicidara.

Al pasar unos días, me encontraba de pie aferrado a las rejas fumando un cigarrillo hecho a mano. Había un olor a letrina muy fuerte.

—Oye Salvaje —me llamó Alexis.

—Dime consorte —le respondí.

—Parece que el loco que está al lado tuyo está jugando con su excremento otra vez —dijo soltando una carcajada.

Al poco rato llegaron dos guardias con un capitán mientras gritaban al vecino mío que usara el inodoro para depositar sus excrementos y no el piso. Yo no oí palabra alguna salir de la boca del vecino. Lo próximo que vi fue que la camisa blanca del capitán de repente empezó a mancharse. Se movió de lado a lado pero le fue difícil esquivar la puntería del loco que le tiraba la suciedad como una ametralladora. Él y los dos guardias tuvieron que irse del lugar por un rato. Los presos se reían a carcajadas. Voceábamos de celda en celda. Por un momento no nos importó el terrible mal olor que se sentía. Yo pensaba que más que un calabozo, este lugar era un manicomio, un auténtico asilo de locos. Hay veces que a media noche se oía un grito. Otras veces salía uno cantando una canción romántica o haciendo una poesía en alta voz en horas de la noche. Cualquiera aparecía jugando con su propio excremento. Contrario al programa de desintoxicación de narcóticos que parecía un hospital, este calabozo parecía un manicomio. La descripción de aquellos que pasaban por un manicomio se ajustaba muy bien a este lugar.

De repente un aviso rompió mi pensamiento: «Quietos. Ahí vuelven». A continuación siguió un silencio sepulcral. Había gran suspenso. El capitán y los guardias se detuvieron a mi derecha, frente a la celda vecina. Tomaron la manguera y procedieron a echar agua mientras se oían todo tipo de maldiciones de la boca del loco. Vi salir agua con tanta presión y por tanto tiempo que me pregunté si pensaban matarlo. El loco empezó a sentir la tortura. Sus gritos se oían en toda la gran celda. Hubo gran silencio después de este incidente.

Me tocó ir al tribunal. Los presos iban esposados de dos en dos por una mano y un pie. Muchos nos conocíamos pero al compañero que me correspondía en esta oportunidad nunca lo había visto. Cuando estábamos en línea para entrar en el autobús para ser trasladados a los tribunales, un amigo me saludó.

«Te sacaste el premio. Te tocó el loco», dijo sonriendo.

De repente mi compañero me tiró un golpe. Nos enredamos y caímos al suelo, dándonos puñetazos. Los guardias brincaron por todos lados. Mientras nos separaban pude ver a un guardia bastante grueso que se sentó sobre el loco y lo dominó a puñetazos hasta tranquilizarlo. Di un suspiro de alivio al recibir a otro compañero.

La sentencia no es el único juicio de los delincuentes

Después de diez días de estar en el calabozo, me trasladaron al bloque 6. Allí me recibieron algunos amigos de la vecindad y conocidos de la calle en general. Aunque todavía sentía cierta incomodidad en la espalda a causa de mi adicción a la heroína y la cocaína, entre otros síntomas menores, empecé una rutina de ejercicios, lectura y juego de ajedrez. Aunque dejé de ir a la Iglesia Católica porque me sacaron junto a otros dos muchachos del bloque por irreverentes, continué visitando la librería de leyes, pero no buscando mi libertad ni la de otros sino porque era el lugar donde podía encontrarme con mis amigos que estaban en bloques en los que no nos tocaba otra actividad al mismo tiempo. Para ese tiempo estábamos presos unos treinta jóvenes de mi vecindad: Palomino, José Cabo de Vela, Félix, Johnny Cadena, Johnny el Boricua, los hermanos Borbones, entre otros.

Muchos de los que teníamos riñas en la calle, hacíamos las paces en la cárcel. Nos reuníamos y compartíamos con las personas de confianza como en realidad nos sentíamos. Muchos confesaban su culpa por perder a sus esposas, hijos y familiares en general. Otros sufrían la decepción de compañeros de crimen que los abandonaban y por tanto caían en un estado depresivo tan profundo que se ahogaban en un charco de amarguras. Su fantasía dominante muchas veces se convertía en la ejecución imaginaria de esos «traicioneros». Unos expresaban lo mal que se sentían por haber asesinado a alguien que no podían asegurar si era culpable o no. Esta perturbación mental produce mucha demencia en las cárceles. Little Mike, mi amiguito de la avenida Columbus, que estaba acusado de seis asesinatos y de hacer su propio cementerio en la parte alta del estado de Nueva York, expresó que no dormía bien de noche porque «unos muertos le reprochaban por qué les había quitado la vida». Según él «esos muertos lo arañaban de una manera que le dejaban marcas en todo el cuerpo».

Yo sabía que la condena de los dos jueces que me sentenciarían por mis casos, no sería mi único juicio. Tan pronto estaba solo, me atacaban imágenes de diversos hechos viles como también de las oportunidades que perdí por escoger el camino de la calle. ¿Por qué rehusé estudiar como me lo pedía mi padre? ¿Por qué no me dediqué a la música? ¿Por qué tuve que caer en estos vicios que son callejones sin salidas? ¿Por qué disparé contra ese hombre que tal vez era un padre de familia? Y qué de su madre, ¿cuánto sufriría? ¿Seré delincuente toda la vida? De no serlo ¿Qué haría?

Claro está, tenía mis propias torturas de culpabilidad igual que cualquier preso. Parecía un cuadro como el que pintó un prisionero que mostraba a un hombre encerrado en una jaula de un pajarillo. El hombre, abriendo la puertita aunque permanecía confinado, sacaba su mano derecha. Con ella sostenía al pajarillo fuera de la jaula, con ambas alas abiertas, listo para volar. La interpretación popular dice que este cuadro simboliza al hombre que aunque preso en el cuerpo es libre en el espíritu. Para mí y, como es evidente, para muchos otros presos, el pajarillo que es tipo de nuestras conciencias y pensamientos, aunque escapara entre las rejas de nuestras celdas, constituía nuestra mayor condena ya que no era portador de ninguna buena nueva por orden de la justicia divina que retribuía en su juicio la cosecha de nuestra siembra.

El vuelo de mi pajarillo solía regresar con mi tortura mayor: ver a mi madre siéndome fiel cuando yo persistía en serle infiel. Podía sentir literalmente los sollozos de mi madre el día de mi sentencia. Sentía más su dolor que el mío. Ella sufría una gran desilusión. Desde que la madre suele cargar a su hijo entre sus brazos mientras le da de comer de su pecho, sueña verlo graduarse de médico, ingeniero, abogado. Jamás piensa que será un delincuente. Así destruí el sueño de mi madre. Me convertí en un hombre de la calle. El que tiene por destino visitar estos tres lugares: hospitales, cárceles y cementerios. Ya en mi experiencia había visitado los dos primeros más de una vez. Y por mi insistencia en continuar en el camino de la maldad, aparentemente no tenía miedo de visitar el tercero.

Decididamente sin rumbo

Recibí dos sentencias, una para servir de dos a seis años y la otra de uno a tres años simultáneamente. Parece que había alguien que me amaba mucho en los cielos. Me arrestaron por cometer crímenes menores. Estaba feliz con las dos sentencias mínimas. Sabía muy bien que otras personas que cometieron menos crímenes que yo, recibieron sentencias máximas porque fueron arrestados en el proceso de cometer un crimen mayor. Algunos recibieron sentencia de diez, veinte y más años. Cómo Little Mike que cometió un crimen más grave y naturalmente recibió la sentencia mayor: ciento diez años. «Señor Sabino. Prepare su equipaje. Será trasladado en la mañana», me avisó el guardia interrumpiendo mis pensamientos.

Esa mañana, alrededor de cien presos estábamos en las celdas de espera. Conversábamos en grupitos de dos, tres y más. Se oía el murmullo, las historias de la calle y de previos viajes similares, las quejas y burlas, y aun risas sin sentido de los presos. Luego se oyó el tintineo de los grillos y esposas a medida que llegaban los guardias encargados de los traslados. Tiraron los grillos y esposas sobre las mesas. Empezaron a llamar nombre por nombre. Nos ataron. Salíamos de La Roca, mas no sabíamos a donde íbamos.

Solo sabíamos que íbamos a uno de los lugares de recepción, eso era cierto. Llegamos a Downstate Correctional Facility. Nos dieron un baño con un líquido químico. Un mismo corte de pelo para todos, un uniforme con un número amenazaba con tomar nuestra identidad. Todos en fila india siguiendo un mismo proceso: la única llamada, la enfermería, la cafetería, la hora de la televisión. Todo sincronizado. Todo muy bien coordinado. Todo muy mecánico, frío. Dos semanas más tarde:

—Traslado —dijo el guardia en la puerta de la celda.

De nuevo, muy temprano en la mañana, antes de salir el sol, el tintineo de los grillos y esposas anunciaba la partida.

—Oficial, ¿a dónde vamos? —preguntó un prisionero a un guardia mientras subía al autobús.

—Yo no soy trabajador social; soy un oficial —respondió el guardia sin mirar siquiera al preso.

—Me parece que este es el camino a Sing Sing —me susurró mientras viajaba con mi compañero Speedy, de la vecindad de la parte este del Bajo Manhattan.

Al fin llegamos a la vieja prisión. Parecía abandonada. Estaba muy sucia. Pero había cierto sentido de libertad. Nos recibieron amigos que hacía años no veíamos. Palomino, vino y así como me daba cocaína cuando yo necesitaba satisfacer el vicio, me trajo algunos alimentos. Otros me regalaron ropas, cosméticos y aun marihuana. Me empezaba a sentir cómodo en esta prisión mas yo sabía que todavía estaba en tránsito.

Esa noche, al sonar de la campana y el estruendo del ruido que produce el impacto del hierro contra el hierro mientras cerraban las celdas, recibí la orden oficial de prepararme para un largo viaje.

El autobús corrió muchas horas. Los presos decían: «Vamos para tal prisión». Pero el autobús se detenía en una cárcel, dejaban a dos o tres y continuaba. Así pasamos por unas cuatro prisiones. Mi grupo se quedó en la última: Clinton Danemora Correctional Facility. Me encontraba a unas nueve horas de la ciudad.

Eso no detuvo a mi madre en absoluto. A la siguiente visita estaba ella llevando todo lo necesario y permitido por el departamento de prisiones. El salón de reuniones de Clinton Danemora era tranquilo relativamente. Empecé mi rutina muy pronto. Dedicaba mucho de mi tiempo a leer libros y hacer ejercicios. Siempre fui persona de muchos amigos. En mi edificio, compartía con un buen grupo de conocidos de Harlem, del Lower East Side, del barrio y demás ghettos de la ciudad. Johnny T.V., uno de los delincuentes antiguos de Washington Heights, era el mayor de todos en edad. Aunque tendría unos cincuenta años de edad, algunos de los presos se oponían a mi relación con él porque esperaban un buen momento para agredirlo ya que había sido el cabecilla del asesinato de ocho jóvenes que se levantaron en su contra, atracando uno de sus puntos. Después de escuchar las opiniones de diferentes fuentes, decidieron dejarlo en paz.

En el mes de junio, cuando empezaban los juegos de sóftbol, salimos al patio con mucho entusiasmo. Dos de los peloteros disputaban por el primer turno al bate. Uno de ellos, a quien conocí por medio de un nuevo amigo, me pidió que le prestara el bate que tenía en mis manos para darle un batazo al que se resistía a cederle el turno a él.

—Mira, préstame el bate para darle en la cabeza a este —pidió silenciosamente mientras agarraba mi bate.

—Eso no está bien. Él pidió el turno antes. Está primero que tú. Déjalo que termine —le propuse.

—Suéltame el bate —insistió halándomelo con todas sus fuerzas.

Cuando le devolví el grito negándome a apoyarlo, me conectó un puñetazo en la parte alta del pecho. Me le tiré encima como una fiera. Nos enredamos y caímos a tierra en combate. Yo oí el resonar del altoparlante del centinela de la torre. Los presos también voceaban a todo pulmón. De repente sentí que alguien me atacaba por atrás. Le eché mano por las piernas. Cayó al piso. Sentí que más personas me halaban. Eran los guardias que nos separaban. El otro que había caído al suelo ¡era también un guardia! Nos sacaron esposados y a empujones del patio. Luego fuimos directo al calabozo.

La prisión es un micromundo

Después de salir del calabozo volví a la normalidad. Nos gozamos cocinando nuestros propios alimentos, participando en cualquier actividad; corríamos, jugábamos sóftbol, juegos de azar como ajedrez, dominó y barajas. También cada preso tenía que trabajar en algún tipo de taller. Yo laboraba en el taller de carpintería. Por supuesto, los presos también tenían opciones religiosas. Así pasaron alrededor de ocho meses hasta que fui trasladado a una institución más cerca de la ciudad de Nueva York.

El correccional de MidOrange presentaba un panorama totalmente diferente. Estaba compuesto por unas ocho cabañas separadas entre sí, en las que vivían los presos; más las instalaciones mayores cómo el auditorio, el comedor, talleres, escuelas y el gimnasio que para ese tiempo contaba con una piscina.

Cuando llegué había una riña entre dos grupos debido a transacciones de drogas, principalmente marihuana y cocaína.

—El Bambi es un tipo bueno, pero está solo. Necesita ayuda, viejo Salva —decía un viejo amigo—, con un poco de apoyo de nuestra parte todo se arreglará. No me gusta el abuso que hay aquí. Ese grupito pervierte aun a los latinos menores de edad.

—¿Qué quieres decir con eso? —inquirí.

—Tienen a un chamaquito que le lava y le sirve de mujer al líder —me informó.

Unos días más tarde hacíamos ejercicios, después de hablar con Bambi, y me señalaron a uno de los más notables del grupo contrario.

—Oye gordito, te está creciendo la panza —me burlé de él.

—¿De dónde me conoces? —me preguntó mientras me le acercaba.

—No te quiero ver cerca de mí. Me das asco. Echa el pie de aquí. Dile lo mismo a los flojos que andan contigo —lo amenacé mientras observaba el grupo numeroso que estaba conmigo.

Pasado unos minutos, llegó Yuyín, uno de los muchachos del barrio que llevaba unos doce años preso por homicidio múltiple.

—¿Por qué llegas en son de guerra? El Bambi también es otro problemático, cuídate —aconsejó.

Así intervinieron otros. También dos o tres, considerados del grupo contrario, me conocían. Optaron por cooperar para que todo saliera bien. Así sucedió. Hubo control por un tiempo. El lugar se pervirtió porque entonces los dos bandos crecieron en sus conexiones para infiltrar droga a la institución a través de diferentes medios.

En una víspera de noche buena, después de llegar Forty Seven y Sweepy a mi unidad, yo fumaba marihuana en el baño. No nos explicamos cómo, pero de repente el guardia de turno estaba de pie frente a mí que estaba sentado sobre el inodoro inhalando como un murciélago.

—¿Qué hace usted Señor Sabino? —preguntó.

—Perdón oficial, es que es Navidad. Aquí todos estamos tristes —me excusé mientras tiraba el resto del tabaco de marihuana y accionaba la palanca del inodoro.

Me invitó a la oficina. Me propuso que botara toda la droga que tenía a cambio de su silencio. Aunque no hice exactamente lo que me pidió nos tranquilizamos durante su turno.

Muy similar a la calle, el narcotráfico carcelario causaba problemas a diario. Muchos de los presos compraban sus artículos alimenticios y principalmente cigarrillos para intercambiarlos por droga. También compraban gran cantidad de droga con dinero en efectivo. Donde hay drogas, la violencia siempre se incrementa. Nuestro grupo se sentía muy seguro por la reputación y todas las armas que teníamos. Además, cada vez que llegaba un «bote de presos» nuevos, venían más amigos de la calle. «Llegó Nelson Muela», me dijo alguien refiriéndose a la llegada de uno de los muchachos del bloque. Cuando arribaba alguno de nuestra vecindad, le suplíamos todo lo necesario: protección, cigarrillos y droga.

Cuando parecía que estallaría una confrontación de diversos grupos en la cárcel de MidOrange, los guardias invadieron nuestra unidad. Fueron directo a los lugares en los que el grupo nuestro escondía sus armas. Encontraron once armas en un allanamiento superficial. Concluimos que había «ratón» en la casa; por lo tanto, después de una breve investigación nos preparamos para la venganza. Cité al primer sospechoso a la cocina de la unidad en la que yo estaba cocinando. Mustafá tenía apariencia de príncipe africano. No tenía por qué tenerle miedo a nadie. Era alto, fuerte y muy popular entre su grupo. Cualquiera no hubiese querido ser su contrario. No tuve otra alternativa. A él ni le gustaba ni le convenía el poder que tenía mi grupo en esa unidad, la que compartíamos únicamente por el hecho de estar presos. Le pedí a Forty Seven, a Sweepy y a Colombia que me cubrieran del policía o de cualquier intruso.

—¿Qué pasa? —preguntó Mustafá mientras se sentaba sobre un banco de madera.

—¿Por qué lo hiciste? —lo acusé señalándolo y mostrando mucho enojo.

—¿Cómo te atreves a...

No le di tiempo a continuar. La calle me había enseñado que en una pelea vale más la sorpresa que la fuerza. De repente empecé a pegarle puños por todos lados. Saqué el punzón carcelario. Corrió hacia la puerta. Escapó por ella mientras le lanzaba punzonazos por la espalda.

La tensión creció más en los días siguientes. Otro sospechoso de oponerse a nosotros era uno de los líderes con más influencia del grupo de Mustafá. Bushwick había perdido el control de la unidad. Y quiso aprovecharse de uno de los menores de nuestro grupo. Yo lo cité al baño. Bajo mi instrucción y motivación, el menor le pegó un golpe certero, rompiéndole la mandíbula de manera que tuvieron que internarlo de emergencia en un hospital fuera de la prisión. Le hicieron una cirugía y le pusieron frenillos por largo tiempo.

Se rumoró que alguien que trabajaba en el taller metalúrgico le había dado armas a un segundo grupo contrario a la unidad. Descubrimos que nuestro amigo Colombia fue el hombre de los hechos. Estando en el gimnasio, en el cuarto de boxeo, mientras teníamos los guantes puestos y tomábamos turno para golpear el saco, decidí tomar cartas en el asunto.

—Colombia, tan amigos que hemos sido... ¿por qué les das cuchillos a esos? —le pregunté.

—Yo le hice dos cuchillos a Barba Negra. Él no está contra nosotros —dijo defendiéndose.

—No entiendo como tú y tu amigo movían miles de kilos con lo cobarde que son. Olvida nuestro acuerdo. Cuando salga de aquí, no moveré un solo kilo contigo, no sea que caigas en manos de los federucos, y cantes como un gallo. Armaste de cuchillos a nuestros contrincantes por presión. ¿Acaso no te das cuenta que cada vez que algo ocurre, Barba Negra no mete la mano con nosotros? Eres un estúpido o un cobarde. No te daré un punzonazo pero sube la guardia y defiéndete.

—Así se hace Bi —sazonaban el Forty y Sweepy— nosotros corremos esto aquí. Que aparezca uno que nos meta la mano. Aumentó de nuevo la tensión en la unidad. Cada uno andaba atento, midiendo cada paso; ninguno solo en el baño, la cocina. Todos alerta. Vigilantes como felinos listos para lanzarse sobre la presa. Preparados para el ataque. Sabíamos que había gente muy bien armada. Era imposible vivir con tanta tensión. Era necesario actuar. Optamos por poner las barajas sobre la mesa. Esperamos que llegara el guardia de la segunda ronda. El oficial era delgado, cómico, descuidado y borrachón, se parecía a Tres Patines (famoso humorista de Cuba). Convocamos a seis líderes guapetones a una reunión en el salón de la televisión.

—Que se sepa. Estaré en el baño. El que sea bravo y tenga algo en contra, que meta mano como guste con arma o a los puños —planté mi desafío entre dientes mientras fingíamos observar el aburrido programa.

—El hombre habló claro. Salgan los guapos ahora o dejen de provocar —dijo el negro Alex de pie, luciendo su metro ochenta con cien kilogramos de peso.

A veces creía tener un juicio de muerte sobre mí. Aun en los sueños, me veía esposado y sentenciado nuevamente por un juez. Como si fuera poco también soñé que el cielo azul e iluminado, se tornaba rojo por completo. Los astros causaban grandes explosiones sacudiendo violentamente todo el firmamento. Los planetas, satélites y otros cuerpos celestes se descarrilaron de sus orbitas. Mientras aumentaba en violencia rápidamente el terremoto universal, observé que el color rojo del cielo era sangre y que el cielo caía sobre la tierra, que ahora temblaba debajo de mis pies. De repente me vi como un niño de unos diez años. Vestía un traje negro con corbata y camisa blanca. Subido sobre un púlpito de madera, le gritaba a multitudes de personas como ciegas que no veían lo que yo observaba: «El fin se acerca. Sé acaba el mundo. Este es el fin. Jesucristo ofrece la última oportunidad».

Súbitamente desperté sudando, temblando sobre mi pequeña cama. Él último grito todavía retumbaba dentro del pequeño cuarto. Pasó un tiempo antes de contenerme. Me senté en la cama pensando: «Debo estar volviéndome loco. Este tipo de sueños me persiguen. ¿Por qué sueño así?»

El titán del tiempo asegura la hora de partida

La rutina continuó. En los días pesados, parecía como que el reloj se había congelado. A veces sentía que el día de salir corría de mí. Se alejaba. Se formaba entonces un nudo en mi garganta cuando mis pensamientos se desviaban, hasta caer en el abismo de la melancolía. Estaba asfixiado. ¿Cuándo saldría de aquí? ¿No quedaré atrapado como otros que tal vez experimentaron menos riesgos que yo? Murieron en la prisión atravesados de una puñalada inesperada. O cayeron mordidos por el SIDA. Después de todo, ¿no era lícito mi miedo? ¿Acaso ignoraré la realidad de que varias de mis compañeras de perversidades individuales y colectivas habían perecido víctimas de tal monstruo? He sido guapo para pelear consciente de que mis probabilidades de vencer eran mínimas; sin embargo, ¿no he carecido de valor para hacerme un examen? Además, ¿y si me sale un caso un día antes de mi partida, no moriré de viejo detrás de las rejas?

El tiempo, como un monstruo lento que pesa demasiado para caminar; como la tortuga, reina de la lentitud, parece no avanzar. ¿Y qué tal esos comisionados que después de considerar mi posible libertad, me añaden ocho meses? La próxima vez, la policía tendrá que disparar bastante porque yo, yo no vuelvo a caer tras las rejas ni por un solo día, ¡jamás, nunca! ¡De ninguna manera seré arrestado de nuevo!

Pero al reloj, ¿quién lo para? De cierto se acerca el día. Vueltas y vueltas, todos los días corría de tres a dieciocho kilómetros en la pista. Subía, bajaba y volvía y subía, me doblaba y me incorporaba, envuelto, sudado, concentrado en desarrollar el físico en las máquinas del gimnasio. Llegó Manny el músico pianista. Llegaron otros, e incluso se añadió el músico policía. Los ritmos de salsa sonaban en todos los espectáculos y días de festivales carcelarios que traían gran alivio cuando compartíamos con la familia. «Hará mucha falta tu trompeta. Se acerca el día de tu partida», me decían los compañeros con cierta melancolía mientras ensayábamos para nuestra participación en el festival que se acercaba. Ellos si eran verdaderos amigos. Me hacían reflexionar en los días en que quise dedicarme a la música de todo corazón y para siempre. Me hacían recordar los bellos momentos cuando mi amigo Danny y yo esperábamos que mi madre se marchara al trabajo para sonar nuestras trompetas desde las ocho de la mañana hasta el anochecer. Mi maestro Jerome Callet, que me recomendó a Johnny Pacheco, vino al Happy Hills Casino a tocar con la orquesta juvenil Los Intocables. ¡Qué noche más preciosa fue esa! Todos los trompetistas en el camerino, luciendo sus trompetas. Bomberito Zarzuela y Nahum también sonaron sus trompetas. Los trompetistas expertos compitieron entre sí. Los más jóvenes aprendimos trucos personales para sacar el mejor sonido, tocar notas más altas, tener más flexibilidad, etc. Qué lindo cuando Larry Spencer, Jerome Callet, Tony Penn y yo tocamos juntos un jazz latino muy popular. ¡Qué cuarteto tan precioso! Ahora se oía que Danny, José Alberto «El Canario» sobresalían en la salsa. Pero ya mi vida había cambiado. No podía vivir con el salario de un músico cualquiera. Tampoco me atrevía a subir a una tarima. Temía ser sorprendido por otro Roberto Viralata que si no lo detienen, me dispara desde entre una multitud entretenida. Desde la nube de estudiantes de la escuela George Washington Roberto Viralata me tenía muy bien medido.

La mañana del festival estaba dorada. Resplandecía el sol. La cárcel estaba contenta con la expectativa que siempre traen los festivales: la comida, la música, las visitas. Las trompetas sonaron anunciando el principio del acontecimiento. Terminada nuestra última participación musical, mientras hablaba con mis visitas y tomando en cuenta al guardia que vigilaba, Benny dio la orden: «Pásale eso al compañero».

Su acompañante, una mujer que parecía un recorte de las revistas que más entretienen a los presos, empezó a pasarme «el material». Le hice señas a Forty Seven para que me ayudara a llevar parte del regalo. Era bastante. «Eres un exagerado, compañero —dije— pasa el muerto».

Tan pronto regresamos a la unidad, cada uno tomó su lugar. Uno entretuvo al policía. Otro vigilaba la puerta principal cuidándonos de cualquier visita inesperada del sargento de turno. El otro cerca de la puerta del baño. Dos más fingiendo usar el baño. Y nosotros dos, el Forty y yo en el apogeo de extraer de nuestro interior vejigas con cocaína, heroína y marihuana.

—Me falta la última —dijo Forty Seven con voz ahogada, agarrado de la pared, de pie frente al lavamanos, mientras abría de nuevo la boca a todo dar.

—Ahí esta. Qué bacán (tremendo) eres, loco —oí a Sweepy alabarle.

—Puja, viejo Salva. Ataca. Ya el Forty tiró la segunda tanda —dijo el Sweepy presionándome.

Preparamos todo rápidamente. Estuvimos ingiriendo cocaína y heroína desde las tres de la tarde hasta alrededor de las once de la noche. Ahora solo en mi cuarto pensaba, en el punto clímax del arrebato, empecé a «darle mente» al asunto. ¿Es que acaso seré un vicioso todo el resto de mi vida? ¿No había el vicio «derrumbado todo el imperio», como decía un viejo amigo? Así pensé toda la noche sin reconciliar el sueño. A la siguiente mañana reuní a Sweepy y a Forty Seven.

—Quiero que me escuchen bien. Mi vida va a cambiar totalmente. Pensé toda la noche en la cantidad de gente a la que le fallé por caer en este vicio de la droga. He pasado vergüenzas al mayor y al detal. En la calle llegué incluso a pedir y a herir a personas por una pipa. Me faltan cuatro meses para salir. Y no puedo volver a lo mismo. He tomado una decisión radical. No me meteré más droga. Le doy permiso a cualquiera de ustedes a secuestrarme y a encerrarme en un lugar hasta que deje el vicio si caigo de nuevo. Es más, si me encuentran fumando pipa, me dan un tiro en la cabeza —dije apuntándome la cien con la mano derecha, imitando un revólver en acción—. Si ustedes quieren seguir el vicio no podrán ser amigos míos. No andaré más con viciosos. Venderé, pero no me meteré de nada —dije enfáticamente.

—Bi, estoy con usted —prometió Forty Seven.

—A mí también me pueden dar un tiro —dijo Sweepy.

Con firmeza y determinación puse mi mano derecha sobre la mesa que usaba para pintar cuadros de cristal. A ella se unieron las manos de mis dos amigos.

—Hoy convenimos no usar más droga —dije confirmando el pacto.

Nos concentramos completamente en el ejercicio físico.

—Ya estás listo para la calle —dijo Nelson Muela—, parece que tienes cuarenta centímetros de brazo. No habrá chica que te resista ni tigre que te meta mano. Vas a salir en pleno verano.

El reloj continuaba marcando el tiempo. «Treinta días y una levantada», contaban conmigo mis amigos cada mañana. «Veintinueve, veintiocho»; y así avanzaban los días. Finalmente, llegó el momento tan esperado: primero de julio de 1985. Sweepy y yo fuimos escoltados hasta el portón de salida. Los federales esposaron a Sweepy, que estaba sujeto a las leyes de inmigración. Pero no yo. A mí me esperaba el Bambi con el regalo que le había encargado antes de que él saliera: Un revolver, una mujer, su droga preferida y dinero para celebrar mi libertad a mí manera.

Opciones

A través de la ventanilla de la limosina podía apreciar el panorama de la vecindad mientras el taxista recorría calle por calle. Washington Heights estaba alegre. Era verano. El sonido del merengue se oía en plena calle: «Baila en la calle de noche. Baila en la calle de día». El sol candente, los sonidos de los carros y la gente reunida frente a los edificios, en las esquinas y los pequeños parques del centro de Broadway, parecían complementar tal alegría. Unos jugaban dominó; otros tomaban cervezas. Los jóvenes guiaban sus carros deportivos chirriando los neumáticos, frenando de golpe; con los radios a todo volumen, luciendo ropas casuales pero de marca, lentes oscuros y sonrisas amplias. De vez en cuando se oía un piropo, inspirado por el paso marcado de alguna muchacha de las muchas que lucían lo vivaz de su belleza.

Meditaba mientras observaba la compleja vecindad. Ya era un hombre libre de nuevo. Y estaba consciente de mis cualidades. Podía ganarme la vida de diversas maneras. Era muy hábil en los negocios. Era capaz de vender un calentador en el desierto; hielo a un esquimal y hasta sueños a los soñadores. Es obvio que tenía otras opciones. Pero prefería el ambiente que ofrecía la calle.

Nunca es tarde para cambiar

Bajé del taxi frente al edificio de el Lento. Entré al edificio con cautela. Una mujer joven que estaba en una esquina del elevador no me quitaba los ojos de encima. Le pregunté si me conocía. «Tú eres un asesino», dijo entre dientes señalándome, sin pestañar; «eso no se quedará así». Me turbé por un momento. Mi mente viajó a la velocidad del rayo. Se abrió la puerta del elevador y la seguí. Ella me pidió que me desapareciera. Abrió la puerta de su apartamento. Me la quiso tirar en la misma cara, pero la aguanté y le pregunté que si había un hombre en casa. Me pidió que esperara frente al edificio que alguien hablaría conmigo. Me acomodé la pistola Bereta calibre 25 que portaba cerca de la bragueta.

«Sé que tú y mi hermano eran muy amigos. Ustedes estaban juntos el día de su muerte. Esperamos que te vengaras de los culpables», me dijo el emisario. Le garanticé que muy pronto todo se resolvería. Después de visitar al Lento y de hacer planes para empezar a «trabajar» de nuevo en agosto, llegué a la casa de la negra Nani. Ella y dos de sus amigas me recibieron. Allí me hundí toda la noche en los placeres de mis múltiples fantasías de presidiario.

Regresé a casa. Estaba avergonzado por la manera en que vivían mi madre y mi padrastro.

—Mamá, busque otro apartamento. Conseguí dinero para mudarnos. No se moleste en cargar con estos muebles viejos y baratos. Podemos ir a la mueblería a comprar todo nuevo —le dije mientras miraba alrededor con menosprecio.

—Ay, mi hijo. No empieces de nuevo a vender droga —me imploró con muchos ruegos.

—No sé hacer otra cosa, mamá —le grité—. Ya soy demasiado viejo. Tengo que aprovechar el tiempo.

—Eres un niño. Tienes toda una vida por delante. Tú no has cumplido los veintinueve todavía. Hay viejos graduándose como profesionales todos los años —protestó con mucha insistencia.

—Ya es tarde para mí. Tengo un récord criminal. Es más, ni música deseo ser. Seré vendedor de drogas pase lo que pase —le dije con mucha determinación.

—Tú puedes cambiar. Nunca es tarde para cambiar —dijo llorando mientras yo entraba al pequeño cuarto para recostarme sobre la pequeña cama como si me hubiesen dado tremenda paliza.

Un nuevo comienzo, a mi manera

Pasado un mes llevamos a cabo una reunión en casa del Lento. Invité a mi amigo Rony y a Sweepy que había salido de inmigración bajo fianza. Acordamos empezar a distribuir cocaína al mayor y al detal. El Lento y yo trabajaríamos en calidad de socios, Sweepy y Rony estarían bajo el salario mínimo que oscilaba alrededor de mil quinientos dólares semanales hasta que se levantara el negocio. Los porteros y vigilantes empezarían con la mitad de ese salario.

Empezamos por ayudar a una conexión amiga a mover un cargamento de veinticinco kilos que le habían llegado para luego trabajar con un colombiano amigo que llegaría pronto a Nueva York con un cargamento mayor. En tres semanas el negocio andaba viento en popa. Yo contacté a algunos clientes fuertes. La multiplicación del detal se expandió. Empezaron a pasar los problemas propios del éxito en el narcotráfico. Un vecino que distribuía en el barrio, se quejó de que le «habían tumbado el material». Y que el ladrón estaba frente al edificio nuestro estudiando el panorama para quitárselo a otros. Así que tomé cartas en el asunto.

—¿Esperas a alguien, loco? —le pregunté mientras me le acercaba.

—Tranquilo, todo bien —dijo recostado de un carro con apariencia de mucha calma.

Sin perder tiempo, le metí un fuerte gancho en la costilla izquierda privándolo por completo. Lo así por la correa desde atrás. Lo levanté y le dije a Sweepy:

—Saca esta escoria del bloque —le arranqué las llaves de su auto y le pedí a Miriam, la hermana de Benny, que se lo llevara.

Los dueños de punto acordamos no permitir que «nadie calentara el bloque». Para imponer respeto, pusimos en vigencia un plan de cero tolerancia contra el uso público de ningún tipo de droga y de guerra contra cualquier contrincante: ladrón, atracador, informante, etc. Claro está que no todos los contrincantes serían amedrentados. Estaba consciente de que aun algunos compañeros se comprometieron en forma superficial por miedo al hacerse parte de nuestra estrategia territorial.

Me dirigí de la Calle 161 y Fort Washington hacia la 133 y Ámsterdam al apartamento de mi mamá cuando atravesamos la 157 y Riverside Drive, alrededor de la una de la madrugada. Aunque disfrutaba la suave brisa del río Hudson y la panorámica del estado jardín, New Jersey, que empieza justo al otro lado de la rivera, advertí a Chichí, el chofer, que me parecía que estaban siguiéndonos uno o dos autos. Él confirmó que en verdad nos perseguían desde poco después que salimos. Ya para ese tiempo, habían puesto las luces altas y no podíamos divisar cuántos pasajeros traía cada carro. Le ordené que de ninguna manera permitiera que nos rebasara ninguno de los autos y que frenara de golpe, antes de llegar a la Calle 150; donde hay una pequeña curva. El chofer frenó de repente, girando hacia la izquierda. Nos tiramos hacia la parte derecha por donde salimos del auto pistolas en mano. Los dos chóferes también frenaron de golpe, dieron un giro violento y salieron chirriando llantas hacia la dirección opuesta.

Cuando entré al edificio, el pasillo estaba completamente oscuro. Pensé que quizá no tuviera relación con la persecución, pero saqué mi pistola Browning como solía hacer. «Nadie se mueva o disparo», dije entre dientes al oír un sonido. Como se trataba de una pareja del mismo edificio solo les pedí que se pusieran frente a la pared hasta que yo pasara.

Pronto saldríamos de ese edificio que no brindaba mucha protección. Mi mamá pensaba que la Virgen de Altagracia, que iluminaba la pequeña sala con sus luces eléctricas y velones, eran suficiente protección. La mamá de Bambi, que nos visitaba por algunos días, confiaba en que sus oraciones a Dios garantizaban protección sobre todo cuando se aprovechaba la opción de convertirse en cristiano.

Una mañana, ella entró a mi cuarto y me pidió encarecidamente que no le negara su petición. «Escucha esta cancioncita, mi hijo», pidió Doña Isaura pasándome una grabadora portátil. Solo un hombre sin corazón le negaría una petición así a una anciana tan dulce. Me recosté de nuevo y escuché la canción con atención:

Eran cien ovejas que había en el rebaño
Eran cien ovejas que amante cuidó
Pero una tarde, al contarlas todas
Le faltaba una le faltaba una
Y ESA ERES TÚ.

Con el paso del tiempo descubrí que la canción en realidad dice: *Y triste lloró*, refiriéndose al amor del Pastor Jesucristo por cada uno de nosotros aun cuando nos descarriamos por nuestros propios caminos. En vez de oír *y triste lloró*, que era lo que decía la cinta de Doña Isaura, yo escuché: *Y esa eres tú*, porque el Pastor buscaba la oveja que le faltaba: Yo.

Predicciones de los espíritus

Mi mamá me llevó a un brujo varias veces. Pero ahora insistía en que hiciera una cita con la mujer de Oggy. Según ella, Oggy estuvo al borde del arresto en numerosas ocasiones pero había escapado por los hechizos de su propia esposa y otras personas que trabajaban con ella. Como Oggy me consiguió apartamento en su propio edificio en el área de Kingsbridge del Bronx, hice una cita con ella. Su padre era un «bacá» (especie de iluminado haitiano) que trabajaba en conexión con los grandes del vudú en Haití. Fui a varias «consultas». Se determinó que necesitaba desde un «baño de hojas» hasta el resguardo más caro de Haití, cuyo valor era de miles de dólares. «No caerás preso jamás», predijeron «los misterios» a través de las dos hechiceras amigas mientras ellas se «montaban». «Log miteguios te pogotegen de todo ma'gasón», decían en tono haitiano.

El viernes veinticinco de octubre cuando anochecía, entré al cuarto de consultas al compás del tintineo de las resonantes campanitas. Los múltiples cuadros y estatuas iluminadas, las velas, los velones y demás luces causaban un resplandor misterioso en el cuarto. Todo parecía tan bien preparado, arreglado, ordenado. Yo también había tenido el cuidado de cumplir con el más mínimo detalle. Vestía un traje color crema que combinaba con la camisa y la corbata, la correa y los zapatos vino tinto, además del mejor perfume. Un ramillete de veinticuatro rosas rojas semiabiertas en mis manos. El fuego candente y las nubes de humo de los incensarios anunciaban su entrada de gala. Su vestido brillante de color azul contrastando con los bordes y los encajes dorados, combinados con múltiples joyas, aretes y argollas, collares y cadenas, brazaletes, pulseras y anillos, entre otros pendientes, identificaban a la que se acercaba a mí con un ritmo sensual de conquista segura. Todo el «santuario» estaba completamente saturado del aroma de esa mujer: Metresa, para los conocedores de los misterios; Mitricilí para la gente en general. Con profundos suspiros olió una rosa tras rosa hasta oler todo el ramillete. Saqué el rollo de papeletas nuevas de cien como había requerido y lo deposité en el cofre dorado frente al cuadro de su imagen.

—El anillo de compromiso... —dijo ella extendiendo su mano izquierda con una voz apasionada y con una mueca sensual en pleno rostro.

—Aquí está —le dije con voz de galán de Hollywood tomándole la mano con reverencia para ponerle el anillo de agua marina.

—Primero esto —dijo tomando el anillo y uniéndolo al mío que era de la misma piedra. Lo hizo en forma de ceremonia y los depositó en una vasija muy fina. Después de derramar agua florida con otras sustancias inflamables aromáticas en la vasija, rayó un fósforo y encendió fuego. Metió la mano en la vasija encendida. Produjo los dos anillos de en medio del fuego. Se puso en pie. Intercambiamos anillos como novios frente al altar. Me abrazó. Empezó a darme besos en todo el rostro. Se detuvo por unos segundos, pero solo para contemplarme detenidamente sin quitarme la mirada penetrante y provocadora como la de una mujer locamente enamorada. Luego, como en cámara lenta, se acercó más a mí. Me beso los labios y me susurró al oído con voz romántica: «Eres mi prometido».

Tal clase de entrada triunfal fue su despedida. Había llegado la hora que tanto esperé. Toda esa escena era para «los misterios»; ahora me tocaba a mí. Ya bastaba de preludios, quería la verdad. Este compromiso me hizo sentir culpable en cierto sentido ya que tuve opciones múltiples de honrar a alguna joven merecedora de tal ceremonia; sin embargo, creo que nunca traté de agradar tanto a una mujer como a esa bruja. Y todo lo hacía por la pasión de la venganza. Las campanitas resonaron de nuevo. Con más humo de incensarios y zapatazos sobre el piso de madera al mismo ritmo de los gruñidos que estremecían todo el santuario, tomó asiento estilo hombre de guerra.

—¿Quién eres? —pregunté.

—Soy Balagril —dijo la mujer con voz de hombre.

—Dame la dirección de mis enemigos y el traicionero —le pedí refiriéndome a los que dieron muerte a Kenny.

Después que planificamos esa venganza y de pagar una fianza de ocho mil dólares para sacar a Forty Seven de inmigración, él volvió a trabajar con ese grupo, lo cual consideramos un acto de alta traición; lo que exigía su cabeza. Esa bruja y su amiga invocaron diferentes espíritus guerreros que se negaron rotundamente a darme la dirección con la excusa de que «no era tiempo de derramar sangre», pero pagamos a un detective privado que en menos de veinticuatro horas nos facilitó toda la información necesaria.

Ese mismo viernes, 25 de octubre de 1985 en la noche, celebrábamos mis veintinueve años de edad. Cada uno de los muchachos andaba con su pareja, estábamos en un club nocturno con las orquestas de salsa del momento; nos acomodamos en una mesa de esquina contra la pared y, aunque las muchachas insistían, no salimos mucho a la pista de baile. Como un equipo de béisbol en el montículo del lanzador, formulando su estrategia contra el equipo contrario, así nos reunimos por intervalos casi toda la noche. Luego en un lugar más privado discutimos a fondo la información provista por el investigador privado que probó ser muy eficaz en sus tácticas de espionaje. Nada faltaba. Teníamos las mejores armas. Compramos dos ametralladoras, pistolas y revólveres, con cajas de municiones, silenciadores, chalecos a prueba de balas y otros accesorios balísticos. Mirando esa artillería, analizando toda la información adquirida y pensando en las cinco personas y sus acompañantes que el próximo jueves 31 de octubre, día de las brujas, caerían víctimas de nuestro sorpresivo ataque, pensamos que Nueva York recordaría este suceso como «La Masacre de Halloween».

Sucedió lo inesperado

El domingo 27 de octubre de ese mismo año, invité a mis familiares y amigos más íntimos a celebrar una hora santa con oradores católicos para la dedicación del altar de clóset que hice con mis propias manos. Pasados los rezos aburridos de la hora santa, empezaron las brujas a «montarse». La primera de ellas se empezó a jamaquear gruñendo y dando zapatazos.

—Llegó Bellier Bel Cam —dijo Jocy, la mujer del Lento inclinándose en adoración.

—Ahí viene Ogún —anunció alegremente mamá mientras servía bebidas en honor a su nuevo apartamento.

Una vez sentados los personajes empezaron a llamar a uno por uno para predecirles mientras bebían diferentes clases de licores sofisticados: Remy Martín, Hennesy, Couvassier, entre otros. Llenaban grandes copas y soplaban el humo en los rostros de los presentes mientras dictaban sus predicciones.

—Tú eres hijo de los misterios —me dijo una de las brujas con tono de hombre guapo.

—A mí si no me dicen nada —protestó mi tío Bartolo—, porque estoy pelao y ustedes están aquí porque mi sobrino tiene cuarto.

—Bartolo no bebas más —le gritó mi mamá.

—Ustedes no saben nada. Son unas engañadoras —dijo mientras les sacudía la mano repetidamente señalando que las brujas «no eran nadie».

Súbitamente, la bruja montada en Bellier Bel Cam, produjo un cuchillo y a apuñalarse en el área abdominal.

—Mentira, préstame el cuchillo y veras como te saco el mondongo —desafiaba tío Bartolo mientras la bruja continuaba lanzándose repetidas puñaladas frenéticamente.

—¿A quién van a engañar? ¡Son buche y plumas! —gritaba Bartolo por sobre el hombro de alguien que trataba de impedir una confrontación física.

Después de tranquilizar el ambiente fui santiguado temporalmente hasta que llegara el resguardo haitiano en unos días.

Al siguiente día me postré delante del altar y leí algunos rezos que me habían recomendado, recuerdo la del justo juez en particular. Estando postrado, sentí que alguien caminaba por la casa. Llamé a mamá. Nadie respondió. Fui a su cuarto, no estaba. Di un vistazo por toda la casa. Todo tranquilo. Me postré de nuevo. De súbito, tan pronto me postraba de nuevo delante del altar, sentí literalmente que alguien salió disparado atravesando la sala como una centella. Corrí a mi cuarto, tomé mi pistola y recorrí cuarto por cuarto. Busqué en los armarios, detrás de cortinas, nevera, cocina, etc. Todo estaba en su lugar. Aun el maletín del dinero que contenía veinte mil dólares en efectivo estaba exactamente en el mismo lugar del clóset donde lo puse el día anterior. Sin embargo el ambiente estaba muy extraño. Tanto que preferí salir del apartamento por un rato.

El martes 29 de octubre de 1985, o sea, la mañana siguiente, mientras salía de casa, mi madre me tomó de un brazo y me dijo con preocupación:

—Hijo mío, no salgas de la casa hoy. Soñé que un policía te arrestaba; y que cuando te ponía las esposas, te soltaste y tiraste las esposas al aire.

—Eso significa que aunque caiga preso, quedaré libre —expresé riéndome sarcásticamente mientras me despedía de ella.

Ese mismo día al anochecer fui a visitar a los muchachos, a Rony especialmente para decirle mi opinión sobre una situación en su familia. Para ese tiempo, había mucho tráfico en el apartamento. Se habían multiplicado los clientes. Hablé con Rony durante unos cinco minutos.

—Sal, vete de aquí. El bloque está caliente —me aconsejó Sweepy.

Me dirigí hacia la puerta cuando alguien tocó la puerta. Cuando verifiqué por el ojo mágico que se trataba de uno de los empleados, abrí. Repentinamente empujaron la puerta con mucha violencia. Resistí con la ayuda del madero de control que clavábamos sobre el piso paralelo a la puerta mientras se abría.

«Policía», se oyó el grito cortante. El agente trató de forzar su escopeta recortada por la estrecha apertura. Me lancé sobre el arma como una fiera impidiéndole que avanzara. Un segundo agente logró meter su revólver por la parte alta de la puerta que yo había mantenido entreabierta a unos veinte centímetros. Traté como pude de darle tiempo a mis amigos para deshacerse de la cocaína. En medio de la lucha intensa y el alboroto, estalló un ruidoso disparo. Los policías y yo caímos enredados al piso. Empecé a sentir que me pasaban por encima con botas y zapatos. Pensé que habían herido a uno de los muchachos. Nos arrastraron a Sweepy, a Rony y a mí a la sala. Nos tiraron sobre la alfombra. Otros policías también empujaron a varios muchachos arrestados pegándoles puños y patadas, y gritándoles todo tipo de insultos.

—Esos cobardes nos pegan porque estamos esposados —me quejé en voz alta.

—Tú eres el luchador que le rompiste la mano al sargento, ¿verdad? —preguntó un policía.

Pegándome a la vez un puntapié en los muslos.

—Me pegas porque tienes ventaja. Sabes que te como vivo de hombre a hombre —protesté.

Él se acercó, me agarró por los hombros y me incorporó. Un segundo agente se metió en medio y me dijo que no lo desafiara.

—Ninguno sale con nosotros —protestó Sweepy— que se atreva a quitarse la chapa y la pistolita para ver si es hombre de verdad.

Algunos policías corrían histéricos por todo el apartamento. Corrían hacia la sala informándole al sargento de las evidencias que encontraban: cocaína, balas de diferentes tipos.

«Harry», dijo uno desde el aposento con voz de alarma.

Al instante me corrió un escalofrío por toda la espina dorsal. Algo no andaba muy bien. Nos sacaron con mucha prisa del apartamento. Oímos que estaban hablando del escuadrón de bombas. Tan pronto llegamos al precinto 26, el policía que habíamos desafiado Sweepy y yo, se acercó a la celda, me señaló con el índice y con una sonrisa irónica, dijo: «Tenemos suficiente evidencia para colgarte para siempre. Tendrás que explicarle al tribunal qué pensabas hacer con una bomba».

—Dame un cigarrillo, Rony —le pedí.

—Pásame uno a mí también —pidió Sweepy, quien como yo había dejado de fumar hacía meses.

En el interrogatorio nos presionaron individualmente a responder quién era la conexión nuestra a cambio de la libertad. Cuando nos hicimos los desentendidos nos acusaron de tener un paredón en el aposento porque descubrieron múltiples perforaciones de balas en las paredes, en los colchones y en un libro de las páginas amarillas. Sentía un peso muy fuerte sobre mí. Una fuerte presión en mi pecho. Era como si una pared de concreto armado estuviera frente a mi propia cara impidiéndome mirar hacia delante. ¿Inventaran estos policías acusaciones contra nosotros? ¿Será que los muchachos hicieron una venta a algún policía encubierto? ¿Descubrirían el escondiste de los kilos restantes? ¿De dónde sale esta bomba? ¿Por qué guardábamos tantos explosivos en ese apartamento? ¿Por qué tuve que visitar ese apartamento después de tanto tiempo de deliberada ausencia? ¿Qué habría pasado? ¿Por qué ese arresto? ¿Por qué ese trabajador se dejó usar por la policía? ¿Acaso no sabe él que morirá por su traición? Para esa hora de la madrugada, ahí dentro del calabozo del precinto 26, celda del primer y último arrestos, los muchachos dormían. Unos sobre los bancos, otros en pleno piso. Yo no pude conciliar el sueño. ¿Cómo? ¿De qué manera? Encendí otro cigarrillo. Continué hundiéndome en el abismo de mis pensamientos. Pensé por largo tiempo, calculando que incuestionablemente sería un anciano la próxima vez que viera la calle.

13

Encuentros

El nuevo día parecía no ofrecer esperanza alguna. Nuestros abogados nos dieron la mala noticia de que el fiscal encargado del caso trataría rigurosamente de que el juez no nos permitiera salir bajo fianza o de que nos pusiera una fianza alta para que no saliéramos.

—El problema no es la droga, sino la bomba y el récord criminal —dijo mi abogado.

—Tal vez salgan dos de ustedes —dijo otro de los abogados.

Estallaron las amenazas contra cualquiera que cantara por miedo a la prisión.

—Este cobarde tuvo que dejarse meter miedo de los camarones para tocar la puerta —acusaban los muchachos a Chichi.

—Él sabrá quiénes somos nosotros —así continuamos en la celda hasta que empezaron a llamarnos nombre por nombre.

Había mucho movimiento en el tribunal. Los alguaciles se movían de un lado a otro. Eso nos preocupaba. No era nuestra primera vez. Sabíamos distinguir muy bien el ambiente del tribunal y el comportamiento de los guardias cuando un caso no era común. Finalmente, cuando nos sacaron de las celdas para comparecer ante el juez, había una nube de guardias. Usualmente uno solo escoltaba a un preso y hasta a dos o tres a la vez. Ahora había dos o tres guardias para cada uno de nosotros, especialmente para Sweepy, Rony y para mí. De una ojeada rápida por toda la sala, pude ver de reojo a mi madre con su rostro lleno de tristeza. También, entre otras personas, vi a Teresa, la bruja, que estaba haciendo hechizos a nuestro favor. Su rostro estaba totalmente transfigurado a causa de su concentración en los seres espirituales. Esta acción no trabajó en contra del fiscal que se llenó la boca declarando que «éramos una amenaza a la sociedad» comprobándolo con la lectura minuciosa de la historia criminal de Salvador Sabino y Ramón Núñez (Sweepy). El juez fijó una fianza reducida con respecto a la que recomendó la fiscalía, pero mucho más alta que la que sugirieron nuestros abogados: doscientos cincuenta mil dólares para Sweepy y para mí y setenta y cinco mil para Rony y los otros acusados.

Fuimos escoltados a La Tumba, la casa de detención para hombres del condado de Manhattan. Yo no era extraño al olor, los sonidos, las miradas y el comportamiento de los presos. Unos parecen estar en su casa. Cualquier cosa que se necesita para sobrevivir se encuentra fácilmente en sus celdas: ropas, radios, cosméticos, etc. Estos son los que se adaptan al medioambiente.

Otros parecían nunca acostumbrarse. Son los que viven oprimidos, asfixiados y desesperados. A menudo exageran buscando maneras de comunicarse con el mundo exterior a través de teléfono, correspondencia, entre otros medios de comunicación y formas de escape. Aunque casi todos los presos están tristes, los que más sufren más son los que tienen familias, negocios y otras cosas que les dan razón de vivir. Un tercer grupo de presos son aquellos que se adaptan pero nunca se rinden a la vida limitada de estar enjaulado.

Aprendí que la adaptación es un proceso necesario para no sufrir innecesariamente, pero mi actitud frente a la vida tampoco me permitía hacer otra cosa que seguir imaginando un futuro a pesar de lo turbulento de mi existencia, el pasar de los años y las limitaciones inevitables del mundo detrás de las rejas.

No era tiempo de adaptarse a la cárcel de nuevo

No estaba listo para aceptar un nuevo encarcelamiento. Decidí pelear por mi libertad. Oímos que los mafiosos del notorio caso The Pizza Connection emplearon a abogados muy buenos. Nosotros decidimos emplear a algunos de ellos. Cobraban cuarenta mil dólares más el juicio si era necesario. Yo personalmente empleé a dos brujas y a un brujo bacá. Este último resultaba más caro que mi abogado. Otro brujo propuso hacerse socio mío a cambio de la protección de mis bienes. También quise entrar en acción. Le pedí a la bruja del Bronx que me enviara un libro de espíritus.

«Si agarro ese libro, yo mismo me saco de aquí», pensaba, «soy más sabio que esa bruja». Así que le encargué a mi madre que me trajera el libro al día siguiente.

«Me mandó el libro la...», le preguntaba a mamá en el salón de visitas.

Una vez en mi celda, tomé la bolsa, saqué alguna ropa y otras cosas que me llevó. Todo eso era secundario para mí, la libertad era mi prioridad. El libro estaba en el fondo de la bolsa. Finalmente, lo toqué, lo tomé y lo saqué rápidamente. ¡Qué desconsuelo! ¡Qué desengaño!

«Esta bruja se burló de mí porque estoy preso. Le enseñaré algo. Nadie me engaña así. Conque me ha enviado una Biblia la brujita esta», amenacé con vengarme.

Como siempre creí que la Biblia era un libro sagrado, la tomé y la puse sobre mi armario. La adorné con un vaso de agua, un banano y un pedazo de pan a un lado. También puse una manzana sobre la Biblia abierta en el Salmo 23, según me recomendó la segunda bruja.

«Yo soy San Carlos Borromeo. Léete el Salmo 23», decía montada en el ser popularmente conocido como Candelo. Teresa, esta última bruja, era desinteresada. Los demás brujos procuraban su salario.

«Gagzón, con dos mil dólagues te hagué eg tagabajo que te hablé de haceg debajo de la cama», propuso el bacá haitiano a través de otros hechiceros, ya que el personalmente no se comunicaba por teléfono aunque si visitaba mi casa.

Por otro lado nuestros abogados nos dieron una buena noticia. La bomba fue declarada inoperante en las pruebas balísticas. Esto produjo mucho alivio. Sin embargo, también nos dijeron que la policía tenía un informante que estaba dispuesto a rendir declaración que nos incriminaría con lujo de detalles. Esto naturalmente era preocupante. Yo llamaba a los abogados para proponerles diferentes ideas y estrategias legales que creía que nos darían la victoria en caso de juicio. La cantidad de dinero que teníamos que invertir no nos importaba. Aunque el Lento no podía distribuir desde el mismo punto donde nos habían arrestado, yo vendía lo último que tenía a mano: ametralladoras Uzi y Mack 10, entre otras armas, explosivos y los cortes especiales de cocaína. De vez en cuando me comunicaba con uno de mis clientes y lo conectaba con algún amigo.

En una ocasión, estaba sentado en las gradas fumándome un cigarrillo, mientras esperaba para hacer una llamada telefónica. Me impacienté porque otro preso que tenía por costumbre excederse en el uso del teléfono, parecía ignorar que otros esperaban para hacer sus llamadas.

—Oye, suelta el teléfono ya, muchacho —le grité desde mi asiento. Él señaló con la mano que sería breve. Sin embargo, se envolvió de nuevo en la conversación.

—Si no sueltas el teléfono ya mismo, sabes lo que va a pasar —lo amenacé con voz resonante.

—Me huele a bronca entre tú y esta gente —expresó otro con preocupación refiriéndose al «clic» del preso que llamaba.

—Parece que le tienen miedo a ese grupito —le reproché mientras me acercaba al teléfono recién desocupado.

Me senté de nuevo en las gradas listo para cualquier confrontación. Confiaba mucho en mis habilidades de peleador.

Además estaba en mejor forma física que la mayoría. En eso se acercó un luchador profesional llamado el Buitre, que lloraba públicamente en sus conversaciones telefónicas a causa de los dolores de su primera encarcelación.

—Te voy a decir algo de preso viejo. No debes llorar delante de los demás. Van a decir que los dominicanos son cobardes —le aconsejé por la vergüenza ante las burlas secretas de los demás.

—Yo lloro por lo que me ha pasado; pero si un preso se burla de mí, le rompo la espalda —me dijo. Poco después confirmó sus palabras venciendo a dos presos a la vez en la lona del gimnasio. Otros prisioneros entraron en la conversación.

—Cuídate. No te están mirando con buenos ojos —dijo un compañero.

—A mí me gustaría que el hombre del teléfono me refiriera algo —dije yo en tono desafiante.

—¿Sabes por qué siempre estás frustrado? —preguntó uno que no había visto anteriormente.

—¿Por qué? —dije poniéndome en pie listo para pelear.

—Porque necesitas a Jesucristo —respondió con voz resonante, con dulzura y valentía.

Un encuentro que cambió el curso de la vida

Estas palabras junto con las de mis amigos y, especialmente, las de mi tío repercutían en mis oídos. Por último, Sweepy y Rony que estaban en la unidad frente a la mía, me gritaron que necesitaban cigarrillos. Les sugerí que nos reuniéramos en la librería de leyes o en el gimnasio pero me dijeron que la capilla era el único lugar abierto en ese momento. Fui allí a llevarles los cigarrillos pero salí aterrorizado porque creí que todo lo que decía el predicador se refería a mí y era en contra mía. Para ese tiempo, yo había empezado a leer la Biblia con mucha frecuencia.

—¿Conque por eso no has estado saliendo a jugar ajedrez ni dominó? —protestó un amigo que me sorprendió leyéndola sobre mi cama.

—¡Cuidado con dejarte lavar el cerebro, viejo Salva! ¡No te vayas a volver loco! —me advirtió. Su observación era correcta en un sentido. Usualmente, el preso se recrea haciendo ejercicios físicos y practicando todo tipo de juego de azar, entre otras cosas. Yo estaba cautivado con la lectura de la Biblia. Esa era mi recreación. Sentía una paz incomparable mientras leía.

Paulatinamente, empecé a cambiar sin advertirlo. Limité los juegos y las llamadas telefónicas para enterarme de los sucesos del narcotráfico en mi vecindad. Empezó a repugnarme la violencia, etc. Le dije a una amiga que se quería casar conmigo que ya no me interesaban más sus visitas. Por último, el bacá me envió una lista de nombres de espíritus para que los invocara a fin de que me ayudaran a salir de la prisión. El bacá y las dos brujas pedían que me comunicara con más frecuencia. Pero tuve un sueño que me dejó tan perplejo que opté por evadirlos. Soñé que un monstruo parecido a un oso gigantesco de color negro, tres cabezas, una grande y dos pequeñas, marchaba contra mí sutil pero agresivamente para destruirme. Entendí en el sueño que se trataba del bacá y las dos brujas; por lo tanto, después de confirmar con la Biblia y también con mi tío el pastor que algunos de esos nombres eran del mismo Satanás decidí echarlos en el inodoro.

Varios días después me invitaron a la capilla nuevamente. Esta vez desafié al Señor, en oración, diciendo: «Señor, si realmente vives como dice la Biblia, y si realmente estás vivo como dicen los predicadores, despiértame a tiempo para ir a la capilla. Iré y nunca más daré un paso atrás».

Usualmente conciliaba el sueño en horas de la madrugada. Me pasaba las noches pensando en vengarme de las personas con quienes había tenido problemas. Pero esa noche fue muy diferente. Creo que caí rendido tan pronto oré. Me acosté sabiendo que la Biblia dice *«porque todo aquel que invocare el nombre del Señor, será salvo»* y *«Clama a mí y yo te responderé y te enseñaré cosas grandes y ocultas que tú no conoces»* (Romanos 10:13; Jeremías 3:33).

Aproximadamente a las cinco y media de la mañana, desperté oyendo a alguien más que mi mejor amigo: «Salvador». Inicialmente pensé que estaba oyendo voces como resultado del abuso de las drogas y las malas noches. Pero no pude negar el hecho de que no oía la voz de hombre alguno. Era la voz inconfundible e inimitable del Señor. Era «como estruendo de muchas aguas». Esa voz no solo llenó mi celda de su gloria, tocó lo más profundo de mi ser. Tocó donde el dinero mal habido nunca había tocado. Tocó donde la droga nunca llegó. Allí estaba Jesús el Redentor, Jesús el Salvador, el que salvó a Mateo y a Zaqueo, hombres del mal camino, ladrones infames rechazados por la sociedad igual que yo. Traté de correr fuera de la celda. Corría de un lado al otro completamente empapado en sudor. Di voces llamando al guardia. Llamé a otros presos. No pude contenerme un minuto más en pie. ¡Aleluya! La presencia del Señor era irresistible, casi palpable. Sentía una gloria tan real que no tenía duda de que el Señor me estaba visitando. Caí de rodillas, mientras confesaba: «¡Tú eres el Señor! ¡Tú eres el Señor! ¡Tú eres el Señor! Por esto, Dios también le exaltó hasta lo sumo, y le dio un nombre que es sobre todo nombre, para que en el nombre de Jesús se doble toda rodilla de los que están en los cielos, y en la tierra, y debajo de la tierra; y toda lengua confiese que Jesucristo es el Señor, para gloria de Dios padre» (Efesios 2:9-11).

Cambio ultrarradical

Tan pronto obtuve permiso para ir a la capilla, salí disparado. El predicador hizo un llamado que entendí que debía responder. Sin embargo, me resistí permaneciendo sentado en mi silla, cohibido mayormente por la presencia de algunos conocidos. Sentí convicción. Regresé al próximo servicio. Para mi sorpresa, había más gente en la capilla esta vez. Sweepy y Rony estaban allí y, peor aun, también un colombiano amigo que había perdido sus cuatro dientes frontales superiores. Cuando, salía de mi silla para responder el llamado que hacía el predicador, quise amedrentarme por la mirada de Drácula que me daba mi amigo desdentado.

—¿Qué haces? —oí a un amigo preguntar.

—¿Té estas bogueando (volviendo loco), qué pasa? —dijo Sweepy totalmente sorprendido.

—Caminaré hacia ese altar y jamás daré un paso atrás —decía dentro de mí— no me importa lo que digan. Me convertiré de todo corazón.

Cuando salimos de la capilla, los muchachos me bombardearon con sus comentarios.

—Me imagino que ahora dejarás de fumar —dijo Sweepy, a quien le regalé las últimas trece cajas de cigarrillos que guardaba.

—No me meteré droga tampoco —le bombardeé.

Opté por pasar la mayor parte del tiempo en mi celda. Pasaba gran parte del día y de la noche leyendo las Sagradas Escrituras. Un día fui tan tocado por los mensajes de Juan el Bautista y del Señor Jesús que salí de la celda todavía con la Biblia en las manos y empecé a proclamar a todo pulmón: *«Arrepentíos porque el reino de los cielos se ha acercado».* Los muchachos que jugaban dominó y ajedrez, los que miraban televisión o simplemente conversaban, se sorprendieron en gran manera.

«Ahora hay que arrepentirse obligatoriamente porque se ha convertido Salvador Sabino», decían. «Pero a mí no me convence nadie». Aunque unos se burlaron y otros se enojaron, el siguiente domingo cerca de veinte de ellos asistieron a la capilla.

Sucesivamente empecé a tener una serie de sueños casi a diario. Soñaba que nadaba en un río cristalino de aguas muy refrescantes. Parecía un niño cuando se tira al agua, chapoteando con manos, brazos y pies; era un pez nadando. Tiraba agua repetidamente sobre mi cabeza mientras reía a carcajadas. ¡Qué gran gozo sentía!

En una ocasión, soñé que estaba a la orilla de un río muy ancho. Me maravillaba del bello paisaje: el pasto en la cercanía, las rocas grises que parecían cuidadosamente posicionadas en un orden muy bien planificado, los numerosos y frondosos árboles. Era una mañana muy despejada, con una temperatura tropical. Todo ese paisaje parecía acariciar a su más sobresaliente componente: el río. Las corrientes parecían darle vida.

«Ven, sube al bote», me dijo un hombre de sombrero cónico de pana cuyas alas grandes y redondas impedían que viera su rostro.

Subí al bote de madera rodeado de una vista impecable. El hombre remaba y remaba sin pronunciar palabra alguna. Tuve que ponerme en pie porque me llamó mucho la atención la belleza que había al otro lado del río. Los árboles eran inimaginablemente bellos. Todo era impresionante.

—Señor, a dónde me lleva —pregunté con curiosidad.

—Al otro lado —contestó aquella voz que parecía salir de debajo de su sombrero.

Eso quedó en mi mente como un hermoso aliciente.

Una escuela bíblica frente a la celda

Llamé a mi abogado y le dije que había decidido no mentirle al juez pretendiendo falsa inocencia.

—Estás loco. La evidencia que tienen puede derretirse con la estrategia nueva que tenemos Robert Leighton y yo —dijo Morton Kats.

La firma de abogados Leightman sí estuvo de acuerdo ya que ellos representaban a Rony que carecía de antecedentes criminales. Finalmente se negoció una sentencia mínima para los tres: Rony, de uno a tres años; Sweepy, seis años a cadena perpetua y yo, de cuatro y medio a nueve años más la deuda de mi última sentencia que sumaba un máximo de doce años.

Fuimos trasladados a Los Bloques para esperar la sentencia relativa a la negociación. Ese lugar era una selva humana con relación a la cárcel La Tumba. Las celdas eran de hierro viejo. En La Tumba las celdas eran cuartos modernos. En Los Bloques eran calabozos tradicionales que enviaban un solo mensaje: «Estás preso». Mi pensamiento fue interrumpido por un preso.

—Viejo Salva, dile al C.O. que te traiga para el lado B —me gritó un conocido de la vecindad. En realidad, tenía un poco de miedo a Los Bloques ya que había menos control sobre las actividades de los presos, aunque más corrupción de droga y violencia. Además el número de amigos se multiplicaba. Tuve que ser agresivo desde el principio. No podía dar un paso atrás.

—¿Trajiste algo de La Tumba? —preguntó un amigo refiriéndose a algún tipo de droga.

—Sí, traje algo —le respondí mientras me ayudaba a cargar mi saco de ropas y libros hacia la celda 2B1 del bloque 4.

—Traje a Cristo —le dije dándole palmadas por la espalda.

—No me digas que te convertiste —exclamó totalmente sorprendido.

—Jesús es el único camino. La calle es un gran engaño amigo —le testifiqué.

Esa misma noche, mientras caminaba por otras celdas saludando a algunos amigos, vi a un preso que leía la Biblia.

—¿Eres cristiano? —le pregunté.

—Sí, soy del Señor —me respondió Ramón Eduardo Bonilla extendiéndome la mano.

Empezamos a invitar a los demás presos a estudiar la Biblia con nosotros. Un viernes santo, aprovechamos para celebrar un servicio especial para la ocasión. Veintiocho presos respondieron a nuestra invitación. Según tomábamos turnos predicando las Siete Palabras, el guardia de turno vino frente al grupo y me llevó a un lado.

—¿Qué les dicen ustedes a ellos? —inquirió con curiosidad.

—Le decimos que aunque estamos presos, podemos ser libres porque Jesús «...*vino a libertar a los cautivos. Y si el hijo de Dios os libertare seréis verdaderamente libres*» (Lucas 4; Juan 8:36).

Al terminar nuestro glorioso servicio, casi todos los participantes confesaron a Cristo como su Señor y Salvador. Dada mi poca experiencia yo hacía hincar en el duro y frío cemento a los presos de peor reputación porque creía que eran menos dignos del Señor:

—Híncate ahí y arrepiéntete para que el Señor te perdone y te libere —les gritaba mientras les imponía las manos a algunos de los presos más peligrosos.

—La escuela bíblica le estaba haciendo mucho daño al reino de las tinieblas. Muchos presos se convertían e iban a la capilla con nosotros cada domingo. Todo no era color de rosa, sin embargo. Se rumoraba que un preso de muy mala reputación recién llegado al bloque planeaba iniciar una campaña de abusos contra los más tranquilos. Aunque enseñaba sobre el libro de Job, me hice de un punzón de acero de unos treinta centímetros. Enseñaba todas las tardes, pero no soltaba el punzón.

—Los cristianos no peleamos con esas armas —me reprendió Bonilla.

—Cállate la boca, hipócrita. ¿Acaso no mató David a Goliat? —le grité delante de ocho que estudiaban con nosotros—, yo no atacaré a nadie pero si alguien me ataca no me dejaré dar.

—El cristiano debe poner la otra mejilla —opinó otro.

—Sabino, dame tu arma. Tú eres del Señor. Este tipo no se atreve a tocarte a ti —propuso Manny el Boricua con mucho amor y se acercó al grupo —déjame eso a mí.

Yo no cedí. Al día siguiente alguien me pidió un cigarrillo. Le dije que no fumaba.

—Ahora te la das de cristiano —dijo burlándose. Lo corrí por todo el bloque. Finalmente buscó la ayuda de Manny y de otros para hacer las paces. Aproveché para aclarar que nadie me tentara porque no le iba a ir muy bien si me descarriaba.

Pasé varios días de mal humor buscando ocasión para pelear, pero parece que Dios no lo quería. Sucedió que un joven de apariencia delicada que se había convertido recientemente vino a mí temblando de miedo porque otro preso veterano trató de abusar de él mientras se daba una ducha. Esta clase de abuso aunque no es tan común como dicen, es real en el mundo de las prisiones. Quise solucionar el problema por mis propios medios. Volví por un momento al viejo camino. Agarré mi punzón. Fui de prisa al baño. No encontré a nadie. Al verme los otros presos tan decidido y furioso, se decían: «Se le metió el diablo a Sabino. El cristiano está supuesto a volver la otra mejilla».

Me indignaban las burlas que frecuentemente les hacían a los cristianos más sencillos. Me acerqué a un grupo de los que se burlaban. Sin ninguna espiritualidad les grité: «Estoy dispuesto a lo que sea y el que se atreva a hacerle daño a cualquier cristiano de estos le voy a romper la cabeza».

Minutos después en la soledad de mi celda sentí una convicción terrible. Toda mi vida había sido un hombre violento y vengativo pero ahora, aunque mis compañeros no lo vieran así por este incidente, estaba en proceso de conversión en esa área también. Me arrepentí y me deshice del arma.

—Salvador, el bloque está caliente —me secreteó Gardi Gordi por una rendija del portón que unía a los lados A y B del bloque cuatro.

—Ya todo está bien —le respondí con mucha calma.

—Lo que pasa ahí es que tú no estás controlando —se quejó.

—Ya yo no estoy en esa, Gardi —le respondí— soy de Cristo.

—Toma este punzón y controla. No te acobardes ahora. Ahí lo que hay es un bonche de tontos —insistió.

Rechacé esta y otras tentaciones hasta que fui sentenciado y enviado nuevamente a las prisiones del norte del estado de Nueva York.

Un llamado celestial a predicar la Palabra de Dios

Durante el proceso de recepción al nuevo sistema de prisión, le pedí al Señor que no permitiera que me mudaran a una cárcel lejana por causa de mi madre y su frágil salud. Por más que le pedía que no me visitara, ella no me hacía caso. El Señor contestó mi oración. Me llevaron a Fishkill Correctional Facility, a hora y media de la ciudad. Tan pronto llegué a Fishkill, empecé un ayuno. El hambre de Dios solo me permitía orar, leer la Biblia y cualquier libro que hablara del reino. Meditaba día y noche en el Señor. Sabía que no estaba solo en mi celda.

Durante ese ayuno, algo sucedió que me motivó a rendirme más al Señor. Soñé que me hallaba en una habitación impecable en diseño y construcción. Aparentemente estaba recién bañado. Vestía sandalias y una túnica blanca, sencilla pero delicada, muy diferente al vestuario correccional de color verde oscuro y botas negras. Todo en aquel lugar era distinto. Sabía por el Espíritu que estaba de visita en el cielo. Estaba a la expectativa de algo. De súbito, al abrirse una puerta a mi izquierda, apareció una mano gigantesca que hablaba más elocuentemente que cualquier voz humana. Era aquella mano poderosa que en una pared escribió la sentencia del rey Babilónico Belzazar: MENE, MENE, TEKEL, UPARSIN. Contado, contado, pesado y dividido. Con esta sentencia el rey Belzazar quedaba destituido de su reino y también perdía su vida, pero yo no era Belzazar. Y aunque había caminado en forma pecaminosa como él, había una gran diferencia. Yo hacía entrada a la presencia de Cristo en calidad de redimido. Él mismo me había limpiado con su sangre preciosa derramada por mí en la cruz del Calvario. Él me había concedido el derecho al trono.

La mano me indicó: «Ven y entra a mi reino». Salí por aquella puerta y me detuve a su lado. Pude ver de reojo la pierna de un gigante sentado sobre un trono. No me atrevía a mirar de frente por temor reverencial. Súbitamente vinieron sobre mí sus dos manos, vistiéndome con una vestidura preciosísima, jamás imaginada por diseñador humano. Esa vestimenta era dorada y adornada con todas las joyas y piedras preciosas mencionadas por el apóstol Juan en su visión apocalíptica: diamantes, esmeraldas, rubíes, entre muchas otras.

Hermano, sé fiel hasta la muerte. Las vestiduras que Jesucristo tiene para ti son mucho más valiosas y preciosas que las vestiduras reales de los reyes, príncipes, y demás jerarcas de toda la tierra.

El Señor disfrutaba mientras me ataviaba. Sus manos me acariciaban, me hacían cosquillas mientras me vestían. Ríos de agua viva corrían dentro de mí. Toda la vestidura había sido cortada a la perfección. Todo era de mi tamaño exacto, como si me hubieran tomado las medidas anticipadamente. El vestido de cada creyente ya está listo, preparado para su tamaño exacto. ¡Hay vestiduras preciosas para ti en el cielo!

Sus manos desaparecieron hacia arriba por un momento para luego volver con una corona de oro puro jamás vista por mis ojos. Al poner Jesús esta corona sobre mi cabeza, ríos de agua viva corrían dentro y por todo mi ser, lágrimas de gozo corrían por mis mejillas mientras era exaltado por la llenura de un poder irresistible. Según me llenaba de ese poder, yo crecía y crecía rápidamente hasta alcanzar una estatura gigantesca.

De repente, dirigí mi vista hacia delante y vi una gran multitud. Había un gran jubileo en el cielo, millares y millares de gente de diferentes razas vestida de muchos colores brincaban, saltaban alabando al Señor: «Gloria a Dios», gritaban, «bendito el nombre de Aquel que está sentado en su trono». El cielo entero se estremecía por las alabanzas de los redimidos. Alababan con todas sus fuerzas, con todo tipo de instrumento. Allí nadie estaba callado. Todos brincaban, saltaban y gritaban: ¡Aleluya!

Acto seguido, el Señor cubrió mi boca con su mano derecha, diciéndome: «Predica mi palabra». En ese momento recordé lo que leía en la Biblia: *¡Ay de mí si no anunciare el evangelio de Jesucristo!* ¡Ay de mí si no anunciare! *Porque de tal manera amó Dios al mundo, que ha dado a su Hijo unigénito para que todo aquel que en él cree* aun habiendo experimentado el mal camino, el camino de las drogas, la religión, *no se pierda, mas tenga vida eterna.* Ay de mí si no anunciare que Jesucristo es la puerta, el camino y la verdad, y la vida; el primero y el último, el Alfa y la Omega, el principio y el fin, el que era, el que es, y el que ha de venir, ¡el Todopoderoso!

Consecuentemente estuve andando en el Espíritu de una manera impresionante. Me sorprendía de lo que el Señor hacía. Aunque solo hacía cuatro meses de mi encuentro con Cristo en la soledad de mi celda y no tenía un pastor que me dirigiera, me entregué sosegadamente a la oración, al ayuno y a la lectura de la Palabra. El hambre de Dios y de su presencia aumentaba cada día. Aunque estaba preso, yo era libre. Podía ver las cosas que sucedían en el mundo espiritual. A veces despertaba a medianoche y veía ángeles alrededor de mi cama.

Una noche un impostor se hizo pasar por un ángel. Aunque estaba vestido con un ropaje resplandeciente, pude ver que, en realidad, era un espíritu malo.

«Vete», le grité, «te reprendo en el nombre de Jesús». Y salió en carrera de mi cubículo.

En otra ocasión, mientras ayunaba, pude ver que los ángeles adoraban a alguien sentado sobre un trono descendiente. Tenía apariencia de Jesús pero tenía los ojos colorados.

«¿Quién eres tú?», le pregunté, «¿Quién eres?», Y contestó gruñendo las dos veces. «Tú no eres Jesús», le dije. «Tienes los ojos de un fumador de marihuana. ¿Desde cuándo Jesús fuma marihuana? Tú eres un demonio vestido de ángel de luz. ¡Te reprendo!»

En el salón de visitas oí a una mujer contar un sueño que le causaba mucha preocupación: «Soñé que antes de salir de Puerto Rico, dejaba un florero sobre la mesa de mi sala. Todas las flores eran naturales; una era artificial. Y esta hacía que las demás se marchitaran».

«Ese sueño contiene una advertencia de Dios», le dije, «usted dejó a alguien en su casa que no es genéticamente familia suya. Esa persona está causando contienda en su casa».

Un tiempo después, la señora me comunicó que tuvo que despedir a su trabajadora porque la sorprendió siéndole infiel. La interpretación de ese sueño hizo que la hermana fortaleciera su fe en el Señor.

¡Cuánto había cambiado mi vida! Me gozaba de las frecuentes visitaciones angelicales. Algunas veces, caminando de un sitio a otro en pleno día, de repente mis ojos viajaban al mundo espiritual. Podía ver ángeles y también demonios. Leyendo la Biblia con tres hermanos, súbitamente el rostro de uno de ellos se transformó. Le creció la barba, las cejas, se le incrustaron los huesos y la piel de la cara. Además, le crecieron cachos.

«Te echo fuera, Satanás», le dije de una manera muy fuerte. Los cristianos presentes me reprendieron. Le pedí perdón al hermano. Esa misma semana se descubrió que hacía hechicerías a presos inconversos a cambio de paquetes de cigarrillos. Se vestía con la sábana de su cama, se colocaba un turbante escarlata sobre su cabeza, un tabaco en la boca y pretendía ser un hechicero. Así les estafaba los cigarrillos, la comida y otras cosas de valor a cambio de predicciones ridículas.

Muchas veces sentía que mis oídos se abrían o que alguien me hablaba por una bocina. En ocasiones sentía que alguien me tocaba. Una noche sentí que el Señor se sentó sobre mi cama y me abrazó. Yo lo abracé también y le besé la mejilla. Cuando quise decirle algo, él extendió su mano, me tocó la frente. Yo me desmayé y caí dormido, tendido sobre la cama con la misma paz, me imagino, que sintieron Ezequiel, Daniel y Juan cuando no pudieron permanecer de pie sino que también se desmayaron ante la presencia del Señor (Ezequiel 1:28; Daniel 10:9; Apocalipsis 1:17).

Yo había experimentado la sensación de diferentes tipos de droga. Y como hombre de la calle, aventuré buscando los placeres de la vida. Por ellos arriesgué mi existencia. Estuve al borde de la muerte en hospitales y pasé gran parte de mi juventud detrás de las rejas. Todo eso por un deleite temporal. ¡Si los drogadictos supieran esto! ¡Si solo lo supieran los que buscan el verdadero placer de la vida en formas contrarias en las que nunca lo encontrarán! *Hay camino que al hombre le parece* derecho; *pero su fin es camino de muerte* (Proverbios 14:12). Ahora que tengo la posibilidad de comparar. Ningún placer se asemeja al gozo que uno experimenta cuando vive un encuentro personal con el Señor. *El camino de la vida es hacia* arriba *al entendido, para apartarse del Seol abajo* (Proverbios 15:24).

Comisiones

Aunque no contábamos con un pastor local que velara por nosotros, llegaban allí voluntarios que nos ministraban con el simple interés de honrar el mandato del Señor: *Acordaos de los presos, como si estuvierais presos juntamente con ellos* (Hebreos 13:3a). También había confinados maduros que nos ayudaban a transitar el camino del Señor a la luz de las Escrituras. Pero lo más sobresaliente de todo eso es que el Espíritu Santo nos guiaba. No era extraño oír a un creyente de la cárcel narrar que el Señor le había visitado en su propia celda.

El que tiene mis mandamientos, y los guarda, ese es el que me ama; y el que me ama, será amado por mi Padre, y yo le amaré, y me manifestaré a él (Juan. 14:21). La mayoría de los presos que aman al Señor aprenden en su infancia espiritual que el Señor Jesús no es un Cristo histórico que murió en una cruz, en una ciudad lejana llamada Jerusalén hace alrededor de dos mil años sino que es el Cristo real, que en la actualidad, traspasa paredes de cemento, viola la seguridad de barras de acero con tal de penetrar hasta donde está esa ovejita sufriente con el propósito de compartir su amor incondicional.

La comisión de orar por los enfermos

Aproximadamente seis meses después de conocer al Señor, en horas de la madrugada, mi cuerpo dormitaba mientras contemplaba los cielos a través de los barrotes de hierro de la ventana de mi celda. Pude ver en el cielo una gran señal. Vi una manada de caballos negros listos para ser montados. Me llamó la atención que los jinetes montaban con mucha prisa. Sin embargo, nadie montaba el caballo blanco que estaba delante de todos los demás. Ese caballo era mucho más grande que los demás. Súbitamente, apareció un hombre muy alto y vigoroso que mostraba mucha agilidad y gracia al montar al animal.

—Vamos a darle un mensaje a Sal —les dijo a los demás con voz de mando. De repente sentí como si un aguijón punzara mi oído derecho. Eso me causaba gran dolor.

—Sal, reprende, ese no es Jesús —me dijo el Espíritu Santo.

—Te reprendo, Satanás —grité con una voz fuerte que se oyó en todo el cielo.

Satanás explotó como una bomba atómica. De inmediato, vi un rayo de luz que descendía del cielo tomando forma corporal de hombre. Este proceso tomó unos minutos más, hasta que una figura gigantesca ya conocida para mí era notoria en todo el cielo. Él brillaba en todo el cielo más que el sol en su cenit. Pero esa luz no le causó daño alguno a mis ojos. Al ver al Señor nuevamente, estallaron alabanzas dentro de mi alma: «¡Aleluya! *¡Bendito el que viene en el nombre del Señor!*»

Mientras el Señor se acercaba, pude notar que portaba una vara en su mano derecha y que con dos dedos de su mano izquierda hacía una señal de paz. El Espíritu Santo entonces se adueñó de mí. Me acostó en la cama así como hace una madre con su bebé. No estoy seguro de haber estado durmiendo, no lo creo, pero tampoco puedo asegurar haber estado despierto. Sin embargo, pude ver creo que con mis propios ojos aquel resplandor agradable que entraba por las barras de hierro de mi ventana. Una vez cerca de mí, el Señor puso su mano firmemente sobre mi hombro derecho y me encomendó, diciendo: «Ora por los enfermos».

Allí estaba el que les dijo a sus discípulos: *Sanad enfermos, limpiad leprosos, resucitad muertos, echad fuera demonios* (Mateo 10:8). Allí estaba Jesús, el que dijo: *Y estas señales seguirán a los que creen: En mi nombre echarán fuera demonios; hablarán nuevas lenguas ... sobre los enfermos pondrán sus manos y sanarán* (Marcos 16:17-18d). Mientras el Señor continuaba con su mano sobre mi hombro, me llenaba de un poder indescriptiblemente sobrenatural. Ese poder recorría mi ser quemando todo mi cuerpo con su fuego abrasador y salía por mis manos en forma de rayos de electricidad. Cuando sentí que el Señor salía por la puerta sin abrirla, me senté en la cama riendo a carcajadas incontreniblemente a causa del éxtasis de gozo que me embargaba.

—¿Quién estaba aquí? —preguntó con mucho asombro Cuba, mi compañero de cuarto.

—Jesús de Nazaret —le dije sin duda alguna.

—Iré a la iglesia contigo esta misma noche —dijo aquel que nunca había aceptado mis numerosas invitaciones.

Un tiempo después orábamos y un guardia se unió a nuestra plegaria.

—Oren por mi esposa que ha recibido un tercer diagnóstico de cáncer —pidió llorando. Casi un mes después el guardia le daba gloria a Dios. ¡Su esposa fue milagrosamente declarada sana!

El Señor da poder para orar y predicar

Mis momentos favoritos eran los que compartía con el Señor en mi celda. En la capilla era otra historia. Había un equipo fuerte de hermanos en la fe en el ministerio de Fishkill. Pero había mucha diversidad doctrinal. Eso causaba mucha contienda. Cuando se le llegó la hora de partir al hermano encargado, como era la tradición, él tenía derecho de declarar al próximo líder con la entrega del libro de archivos eclesiásticos.

—Le entrego el libro a la persona que Dios me dijo que será el próximo pastor de los latinos —dijo el hermano Segundo extendiendo el libro hacia mí.

—Sabino es un niño —protestó Willie Gines— tú no puedes hacer tal cosa.

—Hermano Segundo, yo no estoy listo para esa posición —dije negándome rotundamente.

—Sí desobedeces a Dios por falta de fe, es tu problema —me dijo muy convencido— no te dejes amedrentar por la sabiduría vana de los hombres porque «...*lo necio del mundo escogió Dios, para avergonzar a los sabios*» (1 Corintios 1:27a).

Me resistí hasta que el hermano se dio por vencido. José Caraballo fue entonces elegido. Aprendí mucho de él y también de Sterling Thompson, que estaba a cargo del departamento de inglés y además era mi maestro particular.

«Eres insaciable», me decía Sterling por las tantas preguntas que le hacía acerca de la Biblia. En verdad tenía tanta hambre que me levantaba en horas de la madrugada a orar y a estudiar la Palabra. Pasaba al altar prácticamente cada vez que hacían el llamado a la consagración y a la llenura del Espíritu Santo.

Un día, Teresa la bruja me visitó y me dijo: «Todavía te falta algo, te falta el bautismo en el Espíritu Santo». Ella se descarrió de los caminos del Señor en su juventud, pero en unos meses le rendiría su vida nuevamente.

Me sentí muy ofendido. Por un momento pensé que algo andaba mal en mí. En verdad, sabía que algo faltaba. Pasé meses buscando ese bautismo. Pedía la oración a todo aquel que lo hubiera recibido. Me ungía yo mismo con aceite, oraba por horas y ayunaba por semanas, buscando el bautismo. Fueron muchas las veces que regresaba a mi celda totalmente desanimado después que el predicador oraba por mí y me ungía con aceite. Muchas fueron las ocasiones en que me desanimaba y dudaba de mi propia santidad. Pero el hambre no permitía que me diera por vencido.

«Tengo hambre de ti, Señor. Quiero más de ti», le gritaba, oraba y hasta le cantaba al Señor en la soledad de mi celda.

Una vez, mientras dormía en horas de la madrugada, desperté al escuchar que dos personas conversaban al pie de mi cama. Permanecí con mis ojos medio abiertos ansioso por saber cómo habían entrado a mi celda. Tuve miedo por un momento. Pensé que en cualquier momento, me atacarían. Traté de oír lo que dialogaban.

«Acerquémonos y démosle poder», oí que dijo uno de los visitantes. Cuando oí que hablaban de mí traté de abrir mis ojos completamente. El resplandor de una mano brillante me los cubrió. Sentí que arropó todo mi rostro y que unos labios tocaron mi oído izquierdo. Oí audiblemente cuando uno de ellos dijo: «Recibe poder para orar y predicar». En ese mismo segundo estallé hablando en lenguas, de manera que se rompió violentamente el silencio de la noche. Al instante pude oír el tintineo de las llaves del guardia en busca del extraño ruido. No podía parar de hablar en lenguas. Al fin pude controlarme. Sin tiempo que perder, me cubrí con mi sábana. Fingí estar dormido.

«Señor Sabino, ¿qué sonido es ese que salió de su celda?», preguntó el guardia. Me vi obligado a fingir que dormía porque de haber descubierto el guardia que aquel sonido extraño había salido de mi boca, ciertamente me habría enviado a siquiatría, como sucedió con el hermano Zenón Collado que fue sorprendido hablando en lenguas en la soledad de su calabozo. Indudablemente no quería que se cumpliera contra mí la Escritura que dice que «*el hombre natural no percibe las cosas que son del Espíritu de Dios porque para él son locura y no las puede entender, porque se ha de discernir espiritualmente*» (1 Corintios 2:14).

—¿Señor Sabino, está usted bien? —dijo el guardia al regresar sin quedar convencido con mi silencio.

—¡Claro que sí! Estoy muy bien oficial —le respondí ocultando mi rostro de la luz de su linterna.

Al día siguiente me sentía feliz. Ríos de agua viva corrían por todo mi ser. Era tanto mi gozo que aun el uniforme verde y las botas negras los sentía como ropa de última moda. El desayuno me supo exquisito. «Te brillan los ojos», me decían algunos. «Está bueno eso», me decían otros pensando que había fumado marihuana.

En camino a la enfermería, vi que un amigo boxeador venía agarrándose la mandíbula. Me hizo señas de que le dolía mucho. La observé estaba inflamada. Mientras pasaba a su lado, el Espíritu me dijo: «Tócalo». Cuando quise reflexionar en lo que oí ya tenía mis manos sobre él. «Te declaro sano en el nombre de Jesús». El hombre comenzó a saltar y a gritar: «Estoy sano, estoy sano».

Comisionado para hacerle un llamado a la iglesia

Soñé que volaba por las nubes vestido de blanco, cuando oí que alguien lloraba. Podía ver de manera clara las azoteas de zinc como las de las casas de San Pedro de Macorís. A la distancia alcancé a ver a una joven que lloraba amargamente. Aunque solo veía su espalda cubierta por su larga cabellera, sabía que era muy hermosa. La joven esbelta gemía patéticamente con quejidos que se oían en todo el cielo. Lloraba y lloraba, pero yo no entendía la razón de su profundo llanto. Me conmovió y decidí acercarme para, al menos, tratar de aliviar su pena. Repentinamente apareció una persona gigantesca en pie junto a una puerta. Era indiscutiblemente el Señor. Estaba vestido de blanco resplandeciente, como de costumbre, con su barba y sus cabellos blancos como la lana, su rostro brillante como un refulgente sol saliente. El Señor abrió su boca y señalando a la joven que ya había hecho una laguna con sus lágrimas, me encomendó enfáticamente, dile: *He aquí, yo estoy a la puerta y llamo. Si alguno oye mi voz y abre la puerta, entraré a él y cenaré con él y él conmigo* (Apocalipsis 3:20).

Meses después, el Señor nos bendijo con Ernest L. Boston, el nuevo capellán principal. Más que un pastor, este hombre y su amada esposa Mary, se convirtieron en padres para todos nosotros, especialmente para mí.

—Dios te ha llamado —me dijo el reverendo Boston— predicarás el lunes 17 de agosto.

—Hoy es primero de agosto —le respondí— deme más tiempo.

—El que es llamado por el Señor no debe evadir su responsabilidad —me dijo.

—¿Qué predicaré yo? —pregunté con cierta incertidumbre.

—Si Dios te llamó, ya te dio el mensaje —recalcó.

—El no me ha dado ningún mensaje —le dije.

—Entonces yo no sé quién te llamó —me dijo sin quitarme la vista.

Al salir de su oficina, di un giro y le dije que me interpretara el sueño de la joven que lloraba en el cielo. Tan pronto se lo relaté, me dijo que ese era el mensaje que Dios quería que predicara: La joven representa a la iglesia y su llanto declara su condición. Ese lunes, 17 de agosto de 1987, prediqué mi primer mensaje: Jesús llama. Dos almas vinieron a los pies del Señor. Aunque era un inexperto y cometí muchas faltas, muchos de los presentes fueron motivados a hacer la obra de Dios.

Los hermanos Héctor Anderson, Rafael Núñez, Paul Langley, Ed Wicks, Raymond Quiara, Ángel Sánchez, Juan Rubio, entre muchos otros, fueron instrumentos muy útiles en esa obra. También los ministros y ministerios que nos traían la Palabra de Dios desde el exterior nos fortalecían bastante. La iglesia entró en un avivamiento candente.

Ministramos en el poder del Espíritu

No era raro recibir invitaciones a hacer ayunos prolongados, hasta por semanas. Había espíritu de oración en el ministerio Resucitando Muertos fundado por el reverendo Boston. Él me nombró asistente de Sterling Thompson en la dirección de los servicios del ministerio en inglés. Luego, el hermano José Caraballo también me cedió la dirección del ministerio a los latinos.

En el ministerio Resucitando Muertos obtuvimos permiso para ministrar en áreas en las que antes se nos prohibía trabajar. Claro que eso no quiere decir que no recibiéramos oposición. Entramos a la unidad donde pocos querían entrar: la de SIDA. Allí conocimos a un enfermo que tenía la cabeza inflamada en gran manera; su cuerpo, en contraste, parecía reducido al tamaño de la de un niño. Otro había perdido la razón y se pasaba caminado de lado a lado del pasillo maldiciendo a otra etnia y jurando que la exterminaría.

«Sabino, ¿ese eres tú?», preguntaba Barbero, «te oigo, pero no te veo». Había quedado ciego muy joven a causa de su infección. No nos importaba su condición, ministrábamos a aquella gente con mucho amor. Orábamos por todos ellos, uno por uno. Ellos alababan a Dios con nosotros con cánticos de fe y alegría: «Yo tengo un gozo en mi alma, gozo en mi alma y en mi ser.. ¡Gooooozo!»

«¿Quién les dio permiso a ustedes para estar aquí?», nos gritó sorpresivamente el teniente que recién entraba a la unidad, «vuelvan de inmediato a su unidad. ¡Ustedes están fuera de su lugar!»

Temor al SIDA

Una gran cantidad de presos temía estar contaminada por el virus del SIDA debido a su vida promiscua, los tatuajes marcados con agujas y el consumo de drogas intravenosas. Yo, por mi parte, sudé varias noches y pensé que algunas de las muchachas del bloque que habían sido infectadas me había contaminado en uno de nuestros encuentros. Pero en una visión nocturna, me vi en una cama y un hombre vestido de médico con una planilla en la mano se me acercó y me dijo con voz autoritaria: «Diez veces has tenido contacto con el SIDA. Diez veces te he librado». Creí y salí negativo en la prueba requerida para recibir visitas familiares en las casas de la institución.

Cinco de los líderes de la iglesia murieron a causa de SIDA. En una ocasión, oraba con Agustín Masa, mi hijo en la fe y mi compañero de ayuno y oración. Comíamos y jugábamos juntos. Dondequiera que yo iba, ahí también iba él. La gente comparaba nuestra relación con la del apóstol Pablo y Timoteo.

Mientras orábamos en el segundo día de un ayuno de tres, le dije:

—Masa, el Señor me revela que debes hacerte el examen de SIDA.

Él obedeció. Dos semanas después llorábamos juntos.

—El Señor me ha salvado. Estoy listo para irme con él —declaró con notable convicción. Un tiempo después de mi libertad, aunque el policía que estaba en la puerta de su habitación me negó la entrada inicialmente, Masa reconoció mi voz.

—Déjalo entrar que él es mi padre, y vino a despedirme —dijo con una voz ahogada mientras extendía su mano enflaquecida hacia mí. El policía no se pudo contener ante aquella acción. Bajó la cabeza y entré. Oré abrazado a él. Lo despedí con un beso. Acordamos vernos en el cielo.

Aunque muchos morían, algunos eran librados del SIDA por el poder del Señor. Una noche, convencimos a un homosexual encubierto que profesaba ser enemigo de la cruz de la necesidad de orar por él.

—Soñé que viniste a mi celda sudado y asustado porque habías ido al hospital y te informaron que estabas infectado de SIDA —le comenté tan pronto entró a mi calabozo. El hombre cambió de semblante, estaba perplejo.

—El Señor me dijo que si no te arrepientes de tu mal camino y de esa perversidad que practicas a escondidas, muy pronto ese sueño se convertirá en realidad —añadí. Salió furioso de allí. Se me olvidó por un momento que éramos cristianos y salí disparado a mi cuarto para buscar dos candados y meterlos en una media.

«Si me ataca, le romperé la cabeza», pensé mientras practicaba la manera en que lo golpearía con fuerza para tumbarlo de un solo tiro. Él regresó a mi celda con las botas puestas, señal de que estaba listo para pelear. Solicitó entrar y se sentó sobre mi cama e inmediatamente pidió que oráramos por él. Lo ungimos con aceite. Oramos con fe mientras se retorcía de un lado a otro hasta que fue totalmente liberado.

A la mañana siguiente me dijo, en el tono que usa un niño cuando recibe un nuevo juguete: «Anoche soñé que me ahogaba en alta mar y que trataba desesperadamente de salvar mi vida. Intenté toda clase de maromas de natación. Con neumáticos, esperé barcos, botes y "yolas" (frágiles embarcaciones que usan en Santo Domingo), pero no valió de nada. Continué ahogándome. Ya cuando creí que iba a respirar por última vez y me rendí, apareció un helicóptero grandísimo. Pensé que me rescatarían con una soga. Sin embargo, apareció un hombre gigante, vestido de blanco, que me dijo con una voz tronante que se escuchó en todo el espacio: "Yo soy el salvavidas. Yo soy el Salvador"».

El proverbista no se equivoca cuando dice que el camino de la vida es hacia arriba. El salvavidas Jesucristo salva y liberta a cualquiera que se ahogue en las aguas de esta vida. Cristo murió también por los borrachos, mentirosos, religiosos y homosexuales. Así que oramos para que el Señor le diera una esposa y, en menos de un año, celebramos una preciosa boda en la capilla.

Echamos fuera demonios

Otro día caminábamos de un edificio a otro por los pasillos, cuando se nos acercó un confinado de más de sesenta años de edad, pidiéndonos un fósforo. Quise ofenderme porque su pregunta era un insulto a mi supuesta cara de santo, pero fui iluminado por la compasión de Cristo.

—Dame un fósforo —exigió con insistencia el delgado y desgastado anciano.

—Ese fósforo que pides solo enciende tu cigarrillo. Tú necesitas un fósforo que encienda tu vida. Recibe la luz del mundo, recibe a Cristo que enciende tu vida —le prediqué con fervor.

—Yo sé más de la Biblia que tú —dijo sonriendo sarcásticamente—, yo predicaba en la calle.

—Cristo todavía te ama —le dije acercándome a él y empujándolo hacia la escalera de un edificio intermedio para no ser visto por el guardia, ya que estaba prohibido orar de esa manera.

—Espíritu del diablo, te ordeno que salgas de él en el nombre de Jesús —grité mientras le imponía la mano derecha sobre su frente.

Al instante empezó a gruñir, emitiendo otros sonidos y retorciéndose de una manera muy extraña. Dos hermanos que andaban conmigo se unieron a la liberación. Por obra del Señor el hombre empezó a reír mientras daba saltos de alegría. Finalmente, preguntó con interés: «¿Dónde está la iglesia?» Pero no le pudimos contestar. Tuvimos que seguir el camino rápidamente porque se acercaba un guardia. Sin embargo, esa noche nos gozamos viéndolo danzar en nuestro servicio de adoración.

Disfrutábamos no solo por las señales, sino porque sabíamos que el reino de los cielos era real. Sabíamos que aunque habíamos vivido en el mal camino, aunque estábamos fichados en el libro de la ley judicial, aunque estábamos aislados y, por muchos posiblemente olvidados, el Señor nos había perdonado y, sobre todo, nuestros nombres estaban escritos en el libro de la vida. *Sus caminos son caminos deleitosos, y todas sus veredas paz* (Proverbios 3:17).

Preparativos para salir

Empecé a recibir mensajes a través de sueños, visiones y de parte de algunos hermanos. «Sales de prisión este mismo año», me profetizó un ministro visitante. Otro me dijo: «Espera la esposa fiel que te daré. Si tienes relaciones con otra que no sea ella, morirás de SIDA». Y un hermano de la prisión me expresó: «¿Crees que has visto mi gloria en este lugar? Sé fiel y verás más de mi gloria dondequiera que vayas».

Por último, soñé que agarraba con fuerza a un anciano oficial de la «Junta Estatal de Libertad», que tenía autoridad para darme la libertad. «¿Me voy o no me voy?», le preguntaba insistentemente, «¿sí o no?» «Suéltame», me gritó tratando de soltarse: «¡Te vas!», respondió.

El Señor empezó a mostrarme la misión que tenía para mí cuando estuviera libre. Aunque enfrentaba cargos de deportación, yo sabía que mi misión primordial, por el momento, sería en la ciudad de Nueva York.

Visión de dos principados

En el sexto día de un ayuno de siete, el Señor me sacó de la cárcel en el Espíritu. Volaba a espacio traviesa. Desde los aires podía ver mucho humo y contaminación en toda la ciudad. Después de un recorrido por los alrededores de la ciudad, descendí en Columbus Circle, sobre la acera del Coliseo de Nueva York, o sea, en la Calle 59 y la Avenida 7, parte del corazón del condado de Manhattan. Miré hacia la entrada del Parque Central. Allí vi que en medio de una multitud de jóvenes que salían de la parada de los trenes, se hallaban dos demonios más altos que un edificio de seis pisos. Estaban sentados en grandes sillas en el mismo centro de la plaza que está en dicho lugar, antes de entrar al Parque Central. Eran gemelos, tenían apariencia de ranas verdosas con piel babosa. Su aspecto era tan espantoso que sentí náuseas terribles. Doblado sobre mi estómago pude presenciar cómo estos dos agentes demoníacos halaban con un imán invisible a muchos de esos jóvenes. Como los tenían bajo su alcance los dominaban y les clavaban sus colmillos en la cabeza. Si un joven de setenta kilogramos se dejaba seducir y morder perdía inmediatamente casi la mitad de su peso, al mismo tiempo se convertían en zombis, como los de las películas de misterio.

El primero de los dos demonios representaba el SIDA. Eso se comprueba puesto que esa enfermedad está atacando mayormente a la juventud. Se contrae principalmente a través del uso de drogas intravenosas y del sexo ilícito. Las agujas y el sexo inmoral están claramente representados por los colmillos con que mordían a los jóvenes. Observé también como una jeringa trataba de penetrar la carne, de la misma manera los colmillos punzaban para entrar al cuerpo. El acto sexual era simbolizado igualmente por la mordida de los colmillos sobre la cabeza de los jóvenes. Por otra parte, la fealdad de ese demonio y la pérdida de peso de las víctimas encarnaba la descomposición física de los infectados por ese virus diabólico y mortal.

El segundo demonio era igual al primero en su apariencia, tiempo y propósito. Representaba el crack, o sea, cocaína procesada para fumar, especialmente en pipas de cristal, que aquí, por supuesto, equivale a los colmillos de ese monstruo. Este demonio les absorbía la mente, e igual que el del SIDA dejaba a los jóvenes físicamente deteriorados. Las grandes sillas y el lugar donde operaban evocaban la permisividad que las grandes ciudades como Nueva York le dan a demonios de la categoría del SIDA y el crack.

Postrado sobre mi estómago les hablaba a esta multitud de jóvenes pero ellos hacían caso omiso a mis palabras. Mientras les profetizaba, los dos demonios me vieron. Agarraron sus sillas y aterrorizados se dieron a la fuga.

Clamé así: «Por el poder de Cristo, en este mismo momento, ordeno que salga fuera todo espíritu de droga, SIDA, violencia, hechicería e inmoralidad. Salgan en el nombre de Jesús. ¡Fuera!»

Recuerdo que cuando yo era víctima del demonio de la cocaína procesada para fumar en pipas de cristal, similar al crack, tampoco oía a nadie. Vivía en tal estado de paranoia que a veces creía que cualquier persona que se me acercaba lo hacía con la intención de agredirme. En ese estado llegué a lanzarme por ventanas, pensando que la policía o algún enemigo imaginario forzaba la puerta de donde yo estaba. Corría por las calles de Nueva York, huyéndoles a las figuras que creía ver. Poco me importaba la diferencia entre lo bueno y la malo, lo bajo y lo alto, lo dulce y lo amargo. Y yo no era el único. Andaba con una pandilla de viciosos endemoniados iguales a mí, así como andan tantos jóvenes hoy, cometiendo viles barbaridades con tal de conseguir un pipazo o un «hit», como le dicen. Yo hacía cualquier cosa por «curarme».

Arriesgaba mi vida atracando, secuestrando, hiriendo a las personas con armas blancas y de fuego. En varias ocasiones caí traspasado, víctima de balas. Vi a amigos y amigas a quienes amaba con todo mi corazón caer sin vida en las calles de Washington Heights, en Manhattan, Nueva York.

Todo eso ocurrió por andar detrás de las drogas: la heroína y, especialmente, la base y el crack. Pero gracias a Dios por su misericordia, gracias a Jesús que me libertó; el único crack que busco hoy, el único crack que espero hoy es que se «craqueen» los cielos, sí, que se rompan, que se abran en dos y que mis ojos puedan ver al Hijo del Hombre bajando en las nubes con gran poder y gloria.

La tarea principal: Las almas

El Señor me mostró otras cosas en preparación para mi salida. Me dio muchas encomiendas: evangelizar a las almas era la primera en la lista de todas sus comisiones. En eso se distinguió principalmente el ministerio a la cárcel.

A todo el que contactábamos le predicábamos la Palabra de Dios. Si no era creyente, le presentábamos el plan de salvación en Jesús. Si era creyente, lo motivábamos a ser fiel a su Dios. Nos ganábamos presos cada día para el Señor y a los que ya eran salvos los incorporábamos al ministerio. Ganamos policías, voluntarios y trabajadores civiles, en general.

La orquesta cristiana local Los Mensajeros de Cristo participó en un concierto secular contra la oposición de algunos que creyeron que nuestra participación era una abominación. Les ministramos a más de quinientos presos en el patio. Veintitrés de ellos recibieron al Señor y muchos otros se incorporaron a la iglesia. Desde ese concierto en adelante, la iglesia se empezó a llenar cada sábado.

Al fin llegó el día de mi último servicio de adoración. Le dimos gracias juntos al Señor. Habíamos trabajado arduamente. Lo honramos y él nos recompensó: la capilla estaba completamente abarrotada.

«¡Atención, por favor! No se emitirán nuevos pases para la capilla», anunció la administración por la bocina. Los hermanos de los ministerios visitantes me habían permitido despedirme predicando la Palabra. Estaban muy contentos por mi libertad. Los del ministerio local, por otra parte, me miraban con tristeza. Podía ver su verdadero estado de ánimo por encima de su sonrisa. Nos conocíamos muy bien. No había dudas de que ellos sabían cómo me sentía: gozoso porque partía, triste porque me separaba de ellos.

«Cuídate de las tentaciones de la calle. No caigas, Sabino», me amonestaban con profundo cariño mis hermanos. ¡Si la gente supiera que también los que están detrás de las rejas tienen corazón! Compartimos cuatro años juntos. Nos habíamos gozado y también habíamos sufrido y pasado pruebas juntos. Éramos hermanos en el gozo y en el dolor. ¡Qué precioso fue ver cómo venían de todas las unidades a reunirse para adorar a su Dios! No olvidaré nunca ese día, aunque nuestras emociones vacilaban entre la tristeza y el gozo, prevalecía el último porque estábamos salvos. Nuestros nombres estaban escritos en el libro de la vida.

Ese día la Palabra de Dios sonó como truenos, las alabanzas fueron explosivas. Hasta hoy esa imagen vive en mí. ¡Cómo levantaban sus manos santas y exclamaban a viva voz sus alabanzas al Creador Misericordioso que les había libertado! Mientras me alejaba, a la distancia, oía la preciosa melodía del coro:

Libre, tú me hiciste libre
Tú me hiciste libre, libre Señor
Rotas fueron las cadenas
Que estaban atando mi corazón.
¡LIBRE!

15

Las almas

¡Qué frescura! ¡Qué alivio! Al fin salí del edificio de inmigración de la Calle Varick. Pisaba las calles del centro de Manhattan por primera vez en cuatro años y medio. ¡Qué diferente era la gran ciudad a las montañas donde había estado por los últimos cuatro años! ¡Qué contraste tan marcado entre el cantar de los pajarillos como ruido montañoso peculiar y los sonidos de los vehículos en movimiento, las bocinas, las sirenas de las ambulancias, los carros policiales y los camiones del cuerpo de bomberos!

Tanto tiempo sin comprar tokens (monedas con las que se entra a los trenes), meterlos en el receptor, darles vuelta y correr como maratonista para abordar el tren antes que cerraran las puertas en mis narices. Me hubiera quejado antes como cualquier neoyorquino típico. Uno empujaba de un lado, otro resistía del otro. Uno era chino, otro norteamericano; uno africano, otro latino; uno blanco, otro negro o mulato.

Uno sonreía, el otro se quejaba o gritaba. Uno era grande, otro pequeño; uno gordo, otro flaco. Uno estaba alerta, otro dormido. Uno hablaba mientras otro leía. De estas y otras diversidades, el tren D estaba repleto. Era la congestión típica de Nueva York en las llamadas horas pico. Para mí esta competencia natural y hasta los empujones casi rítmicos a los sonidos de la prisa, servían de bocinas anunciadoras que confirmaban una sola cosa: ¡Era un hombre libre! ¡Libre! ¡Libre!

Era mi tercera salida de una penitenciaría. Las dos veces anteriores le pedí a algún amigo que me guardara una pistola, una mujer, dinero y droga, pero no ahora. Aunque sentía cierto temor por mis fragilidades humanas frente a las múltiples tentaciones que indudablemente enfrentaría, era un hombre nuevo. Saqué mi Biblia, mi pistola ahora. Abrí mi boca y empecé a predicar en ese mismo tren.

«Jesús es el Salvador del mundo», declaré con voz resonante, «él es el verdadero camino». No había duda en mí de que la mano de Dios estaba sobre mi vida. Él me libró de cumplir una condena mayor, como me merecía, porque tenía un plan para mí en esa ciudad que amo tanto.

«Se convertirán muchos», pensaba, «Dios hará cosas grandes en este tiempo. Veré a Nueva York más lleno de la Palabra de Dios que de drogas y crimen».

Es necesario resistir el miedo

«¿Qué es un ganador?», desafiaba retóricamente a la audiencia el experimentado predicador, «un ganador es un perdedor que nunca se da por vencido. ¡No hay triunfo sin riesgo ni victoria sin sufrimiento!»

« Yo soy perdedor por tercera vez», se lamentó un preso pesimista quejándose el día de su tercera sentencia.

Las opciones estaban ante mí. Estaba libre ahora para escoger entre dos caminos: Volver a la vida de la calle o seguir el camino de Jesucristo. Después de todo, ya no tenía a nadie que vigilara mis pisadas como en la prisión. Conexiones de drogas me sobraban. Siempre fui una persona decidida. Estaba muy seguro de que mi única opción era seguir a Cristo. ¡Él me haría ganador!

Una sorpresa me esperaba en este mundo que no perdona muy fácilmente. Yo pensé que con todas mis cualidades conseguiría empleo en mis primeras entrevistas. Después de haber completado un grado asociado en humanidades con todos los honores de Dutchess Community College, además de los numerosos certificados relacionados, y de servir como consejero a drogadictos por tres años pensé que, por lo menos, conseguiría un empleo en esa área.

«Usted llena todos los requisitos para este empleo, pero lo siento. El código laboral de nuestra institución nos impide emplearle a causa de su récord criminal». Ese tipo de respuesta la recibía después de pasar con muy buenas notas las pruebas de requisito. Se me cerraban las puertas en mi propia cara literalmente. Me frustraba a pesar de todo el tiempo que me pasaba en oración. A veces oraba hasta ocho y nueve horas tirado en el piso, ayunaba tres y siete días con mucha frecuencia: «El enemigo no me vencerá. El Señor abrirá puertas». No podía darme por vencido.

Un día, muy temprano en la mañana, oraba con fervor buscando dirección sobre una propuesta que me había hecho un buen amigo. Él quería que entráramos en negocios. Me sentía incomodo cada vez que me proponía la oferta. Estaba dispuesto a pagarme ochocientos dólares semanalmente. Pero Dios tenía otro plan.

«Dios no quiere que usted trabaje en ninguna empresa secular. Prefiere que usted confíe en él y él hará», me habló mi pastor Pablo Fernández de parte de Dios. Así que decidí oír la palabra de Dios por medio de mi pastor.

Mi madre, por su parte, me repetía: «Tengo miedo, mi hijo, mucho miedo». Claro está, yo también temía. La valentía no es ausencia de miedo, sino resistencia al mismo. Me había decidido a enfrentar al miedo con todas mis fuerzas y con la ayuda de Dios. Conocía a mi madre muy bien. Su experiencia la había tornado pesimista en cuanto a mi pasado estilo de vida.

«¡No seas tonta, Juanita! Abre los ojos. ¿Vas a dejar que Salvador Antonio te mate del corazón?», gritaba mi abuela Tatá a mi mamá entre bocanadas de humo, «aunque sea mi primer nieto, si tengo que darle un palo en el casco, ¡se lo doy, y ya!» Mi abuela era decidida, agresiva; mi madre, pasiva y hasta insegura.

Aunque estaba muy alegre en la recepción de su único hijo, por quien había luchado toda la vida, su semblante vacilaba entre suma alegría y extremada preocupación. Mi mamá era joven aún, tendría unos cincuenta y cuatro años de edad, pero había vivido una existencia difícil. Era nieta de don Guillermo Jiménez, hábil negociante, terrateniente y poseedor de una buena fortuna según se dice, e hija de Abigail Jiménez, hijo mayor de don Guillermo. Su papá, poco después de ella nacer y luego de la misteriosa pérdida de la fortuna, sufrió un accidente automovilístico y terminó en la locura.

Mi mamá se empleó como criada con un salario de cuatro pesos al mes. Tenía que lavar ropa a mano y planchar un montón de ropas con una plancha de carbón. Se casó con Delfín Manzueta, un hombre humilde y esforzado que cayó en el abismo del alcohol y cuando creyó rehabilitarse, quizás porque se había marchitado su relación de veinticinco años, reemplazó a mi madre por una jovencita a quien inmerecidamente se le entregaba el trofeo que la mayoría de las mujeres espera: una casa, una cuenta bancaria y el retiro a la ciudad natal con su viejito. Fue madre de un único hijo, Salvador Sabino quien le clavó la daga dolorosa de la desilusión.

Debido a mi camino de maldad, mi familia, especialmente mi madre, sufrió terribles decepciones. A tal grado de desesperanza llegó que cuando me arrullaba entre sus brazos me acariciaba soñando con el famoso doctor, con el gran ingeniero o con el ciudadano admirable en quien su hijo se convertiría. ¿Quién diría que el niño mimado de mamá llegaría a ser un vil enemigo de la rectitud, el honor y la justicia? ¡Qué triste! Cuánto lloraba mamá cuando sus irritados familiares, amigos y vecinos, como si ella fuera culpable de mi desvío, le reprochaban, diciendo: «Por ahí vi a tu hijo drogado». ¡Cuánta tristeza sentía cuando le decían: «Por ahí vi a tu hijo con una pandilla de indeseables delincuentes».

Gloria a Dios. ¡Qué regocijo sentía cuando le decían: «Por ahí vi a tu hijo proclamando el evangelio de Jesucristo» o «Vi a tu hijo predicando que Jesucristo salva, sana y liberta».

Una nueva iglesia en el Bronx

Aunque recibía invitaciones para predicar en distintas iglesias cada semana, mi pasión era predicar a los perdidos principalmente en mi propio edificio, donde me gané a muchos de mis vecinos.

En el verano de 1990 me invitaron a Staten Island a una casa donde un padre necesitaba un mensaje de motivación, ya que su hija estaba enferma; se me informó.

«Así dice el Señor», dijo el hombre incorporándose tan pronto culminé el mensaje, «él Señor te dará una congregación preciosa; un templo lleno de almas en Nueva York. Además te llama a ministrar por Radio Visión Cristiana». El hombre era Cadín Castelo.

Un tiempo después, al terminar de sustituir al pastor Pablo Fernández en su programa Orientación Familiar vino la confirmación: «Veo la mano de Dios sobre ti. Predica la gracia del Señor. Él te entregará muchas almas heridas. Llenará el templo de almas adoloridas», profetizó él hermano David Greco, director ejecutivo.

Me deleitaba también predicando a Cristo en las calles del Bronx. La tarde de mayo estaba despejada anunciaba la llegada del verano de 1990. La gente pasaba de un lado de la acera a otro. Unos compraban, otros simplemente curioseaban mirando por las ventanillas de las tiendas de ropa. La mayoría pasaba por la avenida Fordham Road tal vez camino a su casa después de bajar del tren, el autobús o algún taxi. Nosotros aprovechábamos para predicar: «¡Jesús es el Hijo de Dios!»

«Tome este tratado gratuitamente», decía uno mientras otro predicaba con el pequeño altoparlante y otro se le acercaba para hablarle de una manera más personal: «Él no vino a condenarte; vino a salvarte...» Bajo lluvia, sol y nieve, dábamos testimonio de Cristo públicamente y por las casas.

«En Dios haremos proezas», predicaba el pastor Luis Fernández en casa de los Martínez. Era hora de entrar a un templo donde todos pudieran adorar a Dios. Como tantas cosas del Señor, el origen del templo me fue mostrado en un sueño. Soñé que viajaba en el tren número 4. «El templo está a una parada», oí una voz que dijo mientras dormía.

Hacía unos meses que habíamos estado buscando un lugar de adoración. Obedecí la voz de Dios. Como vivía cerca de Kinsgbridge, me dediqué a buscar el templo entre esa carretera y Fordham que es la próxima parada de tren viajando al sur. Dios había señalado el lugar. Un pequeño grupo salió de la casa de la familia Martínez, ubicada en el 975 de la Avenida Walton, en el apartamento 3CS. Llegamos al Templo de Creston Avenue Baptist Church frente a Fordham Road, justo donde empezamos a predicar a Cristo. ¿Quién conoce los misterios de Dios?

Esa fue una noche gloriosa en muchas maneras. El pastor Pablo Fernández expuso un poderoso mensaje. Unas de las primeras personas en recibir a Jesús fue Francisco Peralta, que luego se convertiría en uno de nuestros pastores. Yo me alegré por eso y por mucho más. En aquella multitud había una joven con quien había soñado que sería mi esposa.

El enemigo no se queda tranquilo

«No andes por donde anduviste», me profetizó una hermana mientras me sacudía por ambos brazos tan pronto bajé del púlpito de la iglesia que pastoreaba mi tío Antonio Jiménez. Escuché la voz de Dios. Decidí no visitar a mis viejos amigos de la vecindad. «El enemigo no se quedará tranquilo», me decían otros. «Necesitábamos recolectar más fondos». «Tenemos que comprar nuestro propio templo», motivaba a la congregación en casi todas nuestras actividades. «Recuerda que estás en el Bronx. Esta gente vive de la caridad del gobierno. Busca un templo pequeño», me aconsejaban algunos líderes religiosos.

La congregación trabajó como un solo hombre para acumular unos setenta mil dólares en corto tiempo. Unos daban cinco dólares semanales y algunos diez, pero otros daban todo lo que tenían.

«Este es mi diezmo de varias semanas y esta es mi ofrenda protemplo», dijo el hermano Obdulio el Boricua desde su lecho extendiendo su mano con un paquete de sobres días antes de partir con el Señor.

La generosidad y fidelidad de estas personas unida a la ayuda de nuestras iglesias hermanas pastoreadas por líderes dadivosos como Pablo y Bernarda Fernández y José y Millie Félix, quienes nos levantaron las manos como hicieron con Moisés Hur y Aarón, el 4 de diciembre de 1993, marchamos bajo una lluvia bautismal vía Grand Councourse hasta el 2868 de Jerome Avenue.

Finalmente, contra toda imposibilidad, entramos a nuestro propio templo; un supermercado convertido en santuario. No obstante, siguieron las amenazas.

«Pastor Sabino, no me pregunte acerca de lo que le voy a decir. La vida de una persona puede peligrar si usted reacciona», me confió alguien, «a usted, lo quieren muerto. Están dispuestos a pagar cualquier precio. Le pagaron a un matón a sueldo que visitó su iglesia un domingo con fin de dispararle a sangre fría en el momento fijado. Dios cambió los planes. Sin estar apercibido, usted saludó calurosamente a esa persona. Esta se conmovió, salió de su iglesia y vino a mi oficina. Confesó a

Cristo y compartió esta experiencia pidiéndome silencio total, porque temía por su vida y la de su familia. Me pidió que le informara que se cuide. Alguien procura asesinarle en venganza a un incidente previo». Un escalofrío invadió todo mi ser, mientras esta persona me hablaba.

No era la primera amenaza que recibía de alguien en alusión a mi pasado. Tampoco tenía idea ni memoria acerca del incidente referido. Cuatro meses después de salir de la prisión, mi mamá preparaba el desayuno para mi primo Richard y yo. Él vivía con nosotros; luego llegó a ser el pianista de la iglesia. Yo había recibido visiones de que venía un ataque.

«Cuídate, Sabino. He tenido sueños raros contigo», me repetía Aurora Martínez, Mara, que me apoyó junto con toda su familia. A pesar de las advertencias, me tomaron por sorpresa.

—Alguien toca la puerta, Salvador —me avisó mi madre desde la cocina.

—¿Quién es? —pregunté viendo a una mujer que me pareció familiar.

—Soy yo, Salvador —respondió ella al estilo de una vieja amiga.

—Dios les bendiga. Entren, por favor —les dije cordialmente a la joven y a su acompañante masculino pensando en la estrategia que usaría para presentarles a Cristo.

—Hemos venido a matarte, desgraciado —gritaron a una voz; y el hombre, indio canela, alto, de unos cien kilos y aspecto de borracho trasnochado, sacó su revólver.

—¡Noooo! —gritó mi madre desde la cocina mientras yo me lanzaba contra el asaltante tumbándolo al piso.

—Suéltalo —me gritó una voz masculina desde atrás presionando un objeto frío en mi nuca mientras me agarraba fuertemente por la cabeza.

—Si dices algo te exploto —amenazó el antagonista mientras me apuntaba a la cara con su calibre 38 en malas condiciones.

—El ángel de Jehová acampa alrededor de los que le temen y los defiende —le respondí citando el Salmo 34:7.

—Conque ahora eres pastor —se burlaba la mujer joven de piel clara y aspecto callejero—. Me vas a pagar los cuatro años que estuve presa por ti. ¡Me usaste, abusador!

—Nunca hice negocio con crápulas —le contesté entre dientes.

—Por favor, mi hijo —dijo mi mamá sufriendo un gran dolor.

—Cállese, vieja —le ordenó el segundo agresor que sostenía a Richard bajo amenazas.

—Es mejor que se lleven lo que quieran pero mi mamá no tiene nada que ver con mi vida —dije con ansias de venganza.

—Te vamos a perdonar la vida, pero queremos todo el dinero que hay en esta casa —dijo el primer asaltante.

Conocía muy bien a los atracadores. No eran matones. Su primordial interés era vivir arrebatados. Les dimos todo el dinero que teníamos a mano.

—Nadie te hace eso y se queda así. Voy para allá. Te llevaré una nueve para que no inventen contigo —me dijo mi amigo Charlie por teléfono con hambre de venganza.

En verdad que pasé unos días deseando una pistola como la nueve milímetro que me ofrecieron. Me llegó una pista de quién me había atracado.

¡Qué tentación! Toda mi vida me había vengado. «Cualquiera sale y le mete par de plomazos», pensaba en mis momentos de debilidad.

En una ocasión, regresé a la Calle 163 a organizar una venta al aire libre ya que un pastor quiso darme la mano como contribución para comprar materiales y continuar la conversión de nuestro templo. Uno de los muchachos del bloque con apariencia de una rata recién salida de un basurero, me reconoció: «¿Es cierto que eres pastor, después de tanta vida en la calle?», preguntó y se echó a correr sin darme tiempo a presentarle a Cristo. Discerní que había violado el mandato de Dios de no volver a esa vecindad. Sin darme cuenta, unos minutos después alguien procuraba acribillarme a tiros desde una posición estratégica por venganza de una pasada tragedia. Tomé a mi esposa y me apresuré a salir de allí.

«Hay una mujer que te desea mal. Tiene dinero y paga cualquier cantidad por verte muerto», me confesó otro matón a sueldo por teléfono desde una cárcel de la ciudad de Nueva York. «Dice que no mereces estar vivo como sucedió con su hermano. Quiere vengarse a cualquier precio».

Yo fui muy amigo del hermano del hombre que hablaba.

—Te digo esto porque creo que te convertiste de verdad. Te oí predicando por Radio Visión Cristiana. Suenas bien —dijo con cierto orgullo.

—Le confesé esos ataques a un amigo pastor y me dijo que yo era demasiado confiado. Me envió un detective de homicidios que era miembro de su congregación. Me negué a darle información. Empecé a recibir visitas consecutivamente de diferentes detectives a mi oficina culminando con visitas de investigadores de rango.

—Tienes que cuidar a tu esposa y a tu hijita. Hazlo por ellas —me pedían con mucho empeño y preocupación—. Sabes muy bien que esos intentos son de gente muy peligrosa.

Al resistirme, sugirieron algunas medidas de seguridad y que entrenara a hombres capaces de la congregación para que mantuvieran una vigilancia en cada actividad. Así hice tomando en cuenta la situación presente y futura.

El enemigo no escarmentaba. «No lo culpes, ha perdido a uno de sus mejores soldados», dijo un amigo estallando en una estruendosa carcajada—: ¡Ja! ¡Ja! ¡Ja!

En ese tiempo mi madre tuvo que cambiar de dirección, ya que quedó aterrorizada por un encuentro muy violento en el que ella y su amiga fueron secuestradas durante varias horas por seis hombres armados que buscaban a mi amigo Benny, como aguja en un pajar.

—Compañero, ven a casa de la vieja. Di un palo de tres de los grandes —me dijo Benny en clave, refiriéndose a atraco de más de trescientos mil dólares—. Dime, ¿qué hago con esto? Le pedí que saliera rápidamente de la casa de la madre.

—¿Quieres que te deje tu parte?

Le contesté que se llevara todo. Cuatro horas más tarde, mi madre se dirigía a la iglesia cuando aparecieron pistoleros por todos lados.

—¿Dónde está el dinero? —la interrogó el más gordo de ellos, según mi madre, mientras la apretaba con el amarre que le hizo alrededor del cuello.

Mamá salió con vida, pero nunca más pisó ese apartamento. Unas semanas después mi amigo el Fat me informó, antes que fuera baleado de muerte, que en una redada alguien había asesinado al gordo que torturó a mi madre. Mi amado amigo Benny tomó un avión y anduvo por distintos lugares hasta finalmente caer de nuevo en prisión.

«Sé que un día el Señor me tocará a mí como lo hizo contigo», decía de dondequiera que me llamaba.

No es bueno que el hombre esté solo. Así que le pedí al Señor que no me permitiera ni besar a una mujer sino acercarme a la que él mismo escogiera para mí. «Estoy orando diariamente por esa varona que Dios tiene para usted», me repetía por teléfono mi amigo el pastor Guillermo. Yo le pedía al Señor que me diera una esposa con experiencia de la calle si era su divina voluntad. El Señor dijo: *No es bueno que el hombre esté solo; le haré ayuda idónea para él* (Génesis 2:20).

Parece que antes de Dios darle esposa al hombre, lo hace dormir. Vestido de novio aparecí en el altar. «Los declaro marido y mujer en el nombre del...» Pero, «¿Quién es la novia?», pregunté en el sueño, interrumpiendo al ministro que oficiaba la ceremonia. De repente, subió por encima de la multitud de la congregación, la novia: Kenia Mañana, una joven muy hermosa y dedicada a Dios.

Como película animada, vi mi corazón desprenderse de mi pecho. Se unió al suyo para derretirse formando ambos uno solo con sabor a manzanas acarameladas. Luego de otro sueño, una relación. Alguien trató de impedirla, llamando a la madre espiritual de Kenia y diciéndole:

«¿Ustedes van a permitir que esa joven santa se case con un ex delincuente?» No me molestó lo que esa hermana opinó. Mi reacción fue correctiva, pero con amor: «Dígale a la hermana que aprenda que en Cristo no hay ex nada sino nuevas criaturas». Finalmente celebramos una preciosa boda a casa llena, con sonidos de trompetas en confirmación del sueño, con muchos regalos, el agrado de Dios cumplido con gozosa luna de miel en Hawai. Y luego nuestros dos bellos hijos, Raquel y Gabriel.

¡El Señor bendice!

Muchos de mis amigos fueron deportados; sin embargo, el Señor me libró. Otros salían de la prisión aparentemente llenos del Espíritu Santo, pero luego se hundían en el vicio de nuevo. Yo decidí seguir el modelo de los hombres de Dios que tenían un pasado similar al mío pero que estaban haciendo algo grande para el Señor. De todos ellos sobresalía Kittim Silva, que era escritor, predicador y líder cristiano reconocido. También los ministerios que visitaban la prisión de Fishkill me brindaron un apoyo muy necesario para animarme a ser fiel al Señor en este reencuentro con la sociedad.

«Es difícil creer su historia criminal, sin embargo, este tribunal reconoce su renacimiento moral; por lo tanto, le concede el perdón número 212c, hoy...», declaró el Honorable Robert

Wisel, Juez Federal del Departamento de Inmigración y Naturalización.

«¿Qué bueno es el Señor?», repetía mi madre llorando de gozo y abrazando a mi esposa y a la abogada defensora María Liz, que recibió a Cristo en nuestra iglesia junto a su esposo Frank, ambos fieles contribuyentes del reino. El reverendo Boston, también presente, junto a mi pastor supervisor, Pablo Fernández, celebraron la gran victoria.

«Dios te ha bendecido en todo. Lo único que falta es la nieta. Quiero que sea hembra. Si Dios me permite eso, moriré tranquila», repetía mamá aunque yo desdeñaba la mención de la muerte.

Unos meses más tarde, volvía a decir: «Dios te ha bendecido», mientras cargaba a su nieta Raquel, «ya puedo morir tranquila». Nunca me imaginé que su muerte estaría tan cerca.

«Salvador, corre a la casa», me dijo por teléfono mi hermano Miguelo, que estaba de visita en receso de la temporada de béisbol profesional. Salí corriendo de la reunión de la directiva local. Los miembros de la directiva me siguieron. La ambulancia estaba frente al edificio donde vivía mi madre.

¿Por qué dos carros de policía? De repente vi todo muy oscuro. Sentí un peso muy grande sobre mí. No creía que mi madre hubiera muerto. «Todavía no, Señor Dios, por favor», suplicaba.

Esa misma tarde ella me dio de comer. Estábamos contentos. Entré por la puerta que permanecía abierta.

—¿Qué pasó? —pregunté.

—Cálmate, Sabino —me pidió el hermano Héctor Anderson, que cumplió prisión conmigo en la penitenciaría de Fishkill y que actualmente es pastor también.

Di un grito muy fuerte, acompañado por reacciones casi eléctricas. Sentí que muchas manos me agarraron. Eran mis hermanos líderes de la iglesia junto a mi esposa y otras hermanas.

Todo mi mundo cambió. De pronto me sentí como en cámara lenta. El tiempo se detuvo en el profundo dolor que sentía. ¡Qué golpe tan fuerte! Allí en el piso de la sala estaba el cuerpo inmóvil de mi madre. Aquella mujer que luchó toda la vida; que todo lo sacrificó por mí; la que prefería comerse un plátano con mantequilla con tal de ahorrar cien dólares para llevarme un paquete de alimentos a la cárcel; la que en los momentos de necesidad, sin yo informárselo, trataba de fingir tranquilidad y quizás por cubrir mi vergüenza, como cuando me arropaba siendo niño, se aparecía con una papeleta de veinte dólares en la mano.

Finalmente, me tiré sobre ella a llorar inconsolablemente. Luego, rechacé la idea de que permaneciera un segundo más en el piso. Mis hermanos, llorando conmigo, me ayudaron a ponerla sobre el mueble. Un ataque cardiaco violento le causó la muerte a esa mujer de apenas cincuenta y ocho años de edad.

Gracias a Dios que me dio el privilegio de ganarme a mi madre para Cristo en una de sus visitas a la prisión. Algo que me consolaba eran los testimonios que los hermanos compartían como confirmación de su satisfacción por mi cambio. Unos días después de su muerte, una hermana me dijo: «Pastor, mientras lo escuchábamos predicar el domingo, su mamá me dijo: "Ya puedo morir en paz, mi hijo es pastor"».

Unción para la predicación

Cada vez que tenía una experiencia que amenazaba con desanimar mi deseo de testificar de Cristo, por miedo, contienda o tristeza, el Señor me ministraba un encuentro que me subía a otra dimensión. Mientras caminaba por una calle ancha, apareció detrás de mí un personaje alto y fuerte, con ropas blancas resplandecientes. No pude mantenerme en pie. Caí boca arriba en medio de la calle. Quedé inmóvil. El personaje alto de apariencia angelical, se posicionó de pie al nivel de mi cabeza, y me ordenó: «Abre la boca». Mi cuerpo obedeció automáticamente. Mi boca se abrió cuan grande es. Entonces, pude ver que el personaje celestial, extrajo un cuerno grande, lo alineó con mi boca y me dijo: «Bebe». Una sustancia líquida, jamás vista por mí, pero similar a un lubricante, empezó a desbordarse por el cuerno. Él lo mantenía con su mano derecha y a pesar de su gran estatura, no caía una gota fuera mientras yo continuaba ingiriendo. Luego, cuando sentí que ya estaba lleno del líquido espeso, el personaje me dijo: «Esta es la unción para la predicación». Bebí del líquido hasta la última gota que salió del cuerno.

¡Ay de mí si no anunciare el evangelio!

En la propia funeraria de mi madre, se convirtieron tanto familiares como amigos. Entendí que aun cuando sentía dolor por el cuerpo de mi madre, ella estaba en gloria. Continuamos predicando públicamente y por las casas con más fervor, por radio y televisión inclusive. La iglesia crecía cada día superando la tasa de crecimiento normal en Nueva York. Verdaderamente, nuestra congregación no era un museo sino una pescadería. Había olor a pescado en cada servicio. Las almas salían de sus sillas voluntariamente a invitar al Señor Jesús a su corazón. Es más, la iglesia nuestra no era una que simplemente recibía gente sino que nos complacía buscar las ovejas perdidas. Después de todo, la iglesia no está diseñada para que la gente venga a ella sino para que ella vaya a la gente. «Pastor, hay una madre muy triste porque asesinaron a su hijo. ¿Puede visitarla?», me pidió la hermana Brunilda Bermúdez, «puede que incremente la violencia. Se trata de un incidente que involucra al narcotráfico. También hay pandillas que están en plan de venganza».

¡Qué sorpresa me llevé cuando entré a la sala de una casa donde había unos treinta jóvenes! Allí, sobre un sillón no muy nuevo, estaba una madre sufrida, llorosa, triste. Alguien le quitó la vida a su hijo, un adolescente, junto con su amigo. Ambos cayeron víctimas de la trama de dos muchachas que fingieron amarlos hasta la consumación de su plan sangriento. Fueron sorprendidos al entrar a un edificio del Bronx. El primero fue apuñaleado repetidas veces; el segundo bombardeado a quemarropa. Esa madre estaba como Raquel, ¿qué la consolaría? Le ofrecimos nuestro más sincero apoyo: «Gracias, por venir», nos dijo con voz apagada.

Una ojeada al grupo de jóvenes, hombres y mujeres, y al instante entendí que eran violentos, problemáticos, dados por entero a la vida de las pandillas. Sus gestos, miradas y demás expresiones no me eran extrañas.

A pesar de su joven edad ya lucían como hombres marcados por la calle. Las muchachas, también mostraban los rasgos de la avenida. No cabía duda de la vida que llevaban. Pero no estaba allí para acusarlos sino para ayudarlos. Mi deber era presentarles a Jesucristo como Señor. Y lo cumplí.

La conversión de los líderes de pandilla

Los hermanos encargados de ese y otros grupos similares trabajaron con fervor hasta lograr resultados sorprendentes. Empezaron a convertirse por grupos. En corto tiempo más de cincuenta de los pandilleros comenzaron a reunirse regularmente en nuestras células. ¡En sus propios hogares eran libertados! Demonios de diferentes tipos eran echados fuera por el poder del Señor. Demonios de hechicería, droga y demás vicios salían dando gritos.

No celebrábamos un servicio de adoración sin que un alma caminara hacia el altar. Como soldado de Jesucristo, nunca había visto el libro de los Hechos de una manera tan real. Nunca experimenté una manifestación de ambos, del Espíritu y de los demonios, tan fuerte como la que sucedió en un campamento de la parte norte de Nueva York, donde aproximadamente doscientos jóvenes fueron parte de un encuentro cara a cara con las fuerzas de las tinieblas:

—Pastor salga, corra. Está sucediendo algo terrible al lado del lago —gritó un joven halándome por un brazo.

—Ato y reprendo todo espíritu de maldad en el nombre de Jesús —grité con fe y autoridad en medio del bullicio de los jóvenes que estaban envueltos en una lucha por controlar a algunos para que no se tiraran en medio de la ardiente fogata.

—¡San Miguel! ¡San Miguel Arcángel! —invocaba un espíritu en una joven semidesnuda con voz aguda, melódica, mientras mi esposa y otras mujeres le ministraban liberación.

—¡Aquí estoy! ¡Ven, Anaísa! —la llamaba otro joven endemoniado.

—Pastor, suélteme que su enemigo está detrás de usted. ¿No lo ve?

¡Mírelo!

Nos consumió cerca de una hora tomar el control. Echamos fuera espíritus de brujería. Muchos de los jóvenes confesaron que habían hecho pactos con espíritus de maldad. Por último, decidimos orar tranquilamente. A eso de las tres de la mañana, cuando creíamos que todo estaba en total control, un joven pidió la palabra: «Quisiera saber, ¿por qué oramos tanto sin mencionar a la santísima?»

Necesitamos varias largas horas más para aclarar que Jesús es el unigénito de Dios Padre. No nos importaba trasnocharnos por edificar esas vidas. Empezamos a ver los resultados muy pronto. Dios permitió que los «cabezas», como se autodenominaban algunos, es decir, los líderes de influencia fueran los primeros en convertirse de todo corazón, dando verdaderos frutos de arrepentimiento:

«Muchos de nosotros creíamos que moriríamos antes de cumplir los dieciocho», cuenta Emmanuel, un joven de diecisiete años de edad, ex líder de pandilla y actual coordinador de sector, responsable de seis a doce dirigentes de células de igual número de discípulos cada una.

«Se murió Emmanuel», decían en el bloque en una ocasión en que lo apuñalearon, «relató Máximo "Machi" Guzmán, también líder de pandilla, productor de televisión y coordinador de sector igual que Emmanuel.

«Yo sabía que me estaba buscando un grupo de la "Nación", una pandilla grande y temeraria», dijo Emmanuel, «me descuidé. De repente un grupo de ellos me brincó encima en la parada de tren de la 145 y Broadway en el lado superior. Empezamos a intercambiar golpes. Ellos eran más que nosotros. Se armó una estampida en toda la estación del tren.

»Súbitamente, sentí que me estaban punzando por la espalda. Luego sentí otras puñaladas por otras partes del cuerpo, especialmente, por el área abdominal y por el pecho.

»¡¿Lo van a dejar morir?! ¡Llévenlo al hospital!», gritó un hombre mientras un amigo trataba de socorrerlo, deteniendo la sangre con el propio pañuelo del herido. Mientras Machi y los demás resistían el ataque sorpresivo, devolviendo algunos golpes, el ambiente se sintió muy pesado. El griterío de las mujeres, la prisa de algunos hombres y la repentina fuga de la pandilla contraria confirmaban que algo fuera de una pelea común había ocurrido. "¡Yo no quiero morir! ¡No quiero morir!", gritaba Wellington el Flow vestido con pañuelos de diversos colores en forma de turbante sobre su cabeza, mientras pretendía estar "montado" con el espíritu de Frank, este último asesinado esa misma tarde del 11 de septiembre de 1997 mientras esperaba el tren número 1».

Un joven que luchaba por su vida yacía en el Hospital Presbiteriano de Manhattan, en Washington Heights. Su acompañante murió apuñalado en la parada de tren en la que él mismo atacó a otros durante pasados encuentros cuando su pandilla dominaba. Así es la vida de la calle.

«Pastor, yo también fui apuñalado», dijo Machi jocosamente rompiendo la tensión que produjo la narración de esta historia, «pero tuvieron que alcanzarme en la espalda ya que cuando empiezo a correr, no hay quien me agarre».

No hemos triunfado en todo, aparentemente. El hermano Cortijo, que también salió de la penitenciaría de Fishkill y que era músico, perdió su vida cuando se descuidó y fue lanzado por un hermano esquizofrénico a la línea del tren que se acercaba a toda velocidad. Aunque se fue a otra iglesia hermana, lo considerábamos tan nuestro como cualquier otro. Sentimos que lo arrancaron del mismo centro de nuestros corazones. Para nosotros, que le vimos entregar su corazón y crecer en el Señor después de ser rivales por un tiempo, fue una experiencia devastadora despedirlo de esa manera.

La muerte de Wilkins

Mientras los muchachos continuaban creciendo en el liderazgo, Dios les dio gracia para ministrar en congresos y conciertos en la ciudad. Alternaron en repetidas ocasiones con Miguel Cassina, Jaime Murell y Jesús Adrián Romero, entre otros adoradores internacionales. La gente se gozaba cuando rapeaban los grupos de La Cosecha, dirigido por Emmanuel Polanco o Los Escogidos, dirigidos por Máximo el Machi Guzmán:

¡Está llegando el tiempo!
Se acerca el final ay ay ay.
Si no buscan a Jesucristo
¡se van pa'l infierno!

Miles de personas que inicialmente no aceptaban este tipo de música cantaban en nuestros conciertos a coro, al ritmo de palmadas, con rostros alegres.

En medio de la victoria, sin embargo, el enemigo de las almas planificaba su más vil ataque: «¡Pastor, hirieron a balazos a Wilkins! ¡Su condición es crítica!», reportó con mucho dolor un joven, refiriéndose a uno de los del grupo de rap La Cosecha, que hacía varios meses recayó en el mundo del narcotráfico. «Se dice que murió. ¿Qué haremos?», dijo el hermano Félix Guzmán, mientras me guiaba camino al Hospital San Lucas de la 114 y Ámsterdam, en Manhattan.

Félix y su esposa Rosa Guzmán junto a otros líderes de la iglesia sirvieron de guía a esos jóvenes desde su conversión. Los transportaban de las células a sus hogares y a la iglesia cada servicio con mucho amor. Oramos durante todo el camino. Cuando finalmente llegamos al hospital, me recibieron unos veinte jóvenes. Unos lloraban sin consuelo; otros mantenían la fe en que «Dios no permitiría la pronta partida del joven de dieciocho años de edad».

El doctor me dio la mala noticia: «Reverendo, falleció poco antes de entrar a la sala».

Su madre llegó en ese momento. La tragedia la había transformado por completo. Parecía otra mujer. Después de todo no era para menos. Era mayo 14 del año 2000, Día de las Madres. Aunque todos sufríamos, ¿quién como ella? Reuní a todos los jóvenes. Les pedí que hiciéramos un círculo de oración. Allí les di la noticia. Los ataques emocionales fueron incontrolables. Allí frente a ese hospital, yo presencié quizás la experiencia colectiva más triste de mi pastorado. Hasta este día no se borran de mi mente las lágrimas, preguntas y dudas de muchos de estos jóvenes, especialmente las del día de su velorio en la iglesia: «Pastor, las muchachas están muy nerviosas. Están preocupadas. Quieren saber si Wilkins se fue al cielo o al infierno». La respuesta vino de su propia familia. Su hermanita menor le oyó decir «Padre» mientras yacía lleno de sangre en la acera de la Calle 139 derribado por cuatro balazos mortales al área de la cabeza. Además su propio padre se puso en pie en medio del servicio, mientras su hijo yacía en el ataúd: «Soñé que dos palomas recogían a mi hijo en medio de la calle y lo transportaban al cielo».

Yo pude dar testimonio público en el funeral de cómo ese joven tuvo un encuentro que cambió su vida. También hice mención delante de una iglesia abarrotada de gente adolorida de cómo un miembro de la propia familia de Wilkins, que vendía drogas, había desafiado a varios líderes de la iglesia, diciendo: «Ustedes les lavaron el cerebro a estos jóvenes. Ellos deben estar buscando plata en la calle. Y están perdiendo tiempo en la iglesia. Juro que sacaré de esa iglesia a todos los chamacos uno por uno. Uno por uno». Cuando concluí el fogoso mensaje, pasaron más de cuarenta jóvenes a recibir a Cristo por primera vez. Otros que estaban descarriados, se reconciliaron con lágrimas.

Las almas que llegan a la iglesia Heavenly Vision

Si usted visita nuestra iglesia no se sorprenda si ve a una joven de apenas diecisiete años de edad cargando un niño recién nacido en sus brazos. No le sorprenda ver a un joven con aretes y pelo largo; ni un adulto con las marcas de la calle, todavía con olor a vicio o antecedentes criminales que todavía le impiden conseguir empleo, presión que usualmente amenaza con inducirlo a violar la ley en busca del pan diario o en defensa de su reputación de «macho».

La policía visita nuestro templo con frecuencia en busca de convictos fugitivos, sospechosos de crímenes recientes y violadores de probatoria o de algún otro tipo de libertad condicional. Un ministro de otra iglesia nos criticó acusándonos de falta de carácter y espiritualidad cuando presenció escenas, según él, fuera de lo común para una iglesia. Mi respuesta fue que la iglesia no es un museo sino un hospital, y añadí un poco irritado: «Jesús dijo: "Y os haré pescadores de hombres" (Mateo 4:19). Hermano, yo no tengo una iglesia sino una pescadería».

David, un joven que estuvo en las pandillas de los Ñietas y los Zulú Nation, participaba de un ayuno y de repente pensó que se burlaban de él en la oración, corrió a la cocina, tomó un cuchillo y trató sin éxito de herir a uno de nuestros pastores y a dos jóvenes inofensivas. Hoy, todavía está en la iglesia. Hay que ver cómo gime en oración. ¡No se pierde un servicio por nada en el mundo!

Otro aprovechaba el descuido de las hermanas mientras oraban o adoraban para «carterearlas», hoy es predicador de los jóvenes de una iglesia en otro condado de la ciudad ya que sus padres emigraron.

Muy similar es el caso de Sammy Veloz que visitó la capilla de la penitenciaría de Fishkill para «bailar los merenguitos y la salsita» y luego se convirtió en un evangelista poderoso en nuestra iglesia. Hoy sirve al Señor en Europa.

Otro vino a la iglesia por la belleza de las hermanas y hoy es un gran líder. Discipulamos a los líderes de la iglesia para que no cuestionen el motivo de cualquier persona que llega a la iglesia, sino que al contrario dependan del poder transformador del Autor y Sustentador de la iglesia, Jesucristo. No es quien viene a la iglesia sino quien está en ella lo que marca la diferencia.

¡Jesucristo está en nuestra iglesia! Nuestro trabajo no es convertir sino compartir a Jesucristo. En nuestra iglesia, Jesús está transformando borrachos, drogadictos, prostitutas, justos, profesionales, negociantes y hasta religiosos por el poder del Espíritu Santo.

A eso Jesús nos llamó: A ganar almas o, por lo menos, a presentarlo a él tal y como es: Salvador y Señor. «¿Por qué se muere tanta gente en tu iglesia?», preguntó Michael Ortiz, presidente de la Funeraria Ortiz. «¿Por qué caen presos tantos en tu iglesia? ¿Por qué vuelven al mundo tantos?», preguntan otros. Y encuentro que la respuesta es sencilla. Nuestra iglesia debió llamarse «Fabrica de Almas de Nueva York».

En una fábrica no todos los productos salen a gusto del fabricante. No obstante, no podemos detener el trabajo evangelizador basándonos en resultados aislados porque Jesús nos ha mostrado su poder renovador en las casas y lugares públicos donde hemos rescatado numerosas almas cautivas por las cadenas de acero del pecado.

No nos importa ni nos avergonzamos de visitar los tribunales apoyando a un miembro del cuerpo que por un momento miró hacia atrás. Eso acontece numerosas veces. ¿Cuántas veces hemos visitado el hospital por algún miembro que cayó víctima en un encuentro violento? No nos avergonzamos de subirnos a la ventana de un piso alto para rescatar a una madre que ha enloquecido y secuestrado a sus propios hijos. Hemos corrido como locos detrás de un descarriado hasta lograr alcanzarlo y abrazarlo rogándole que vuelva al verdadero camino.

Hemos luchado cuerpo a cuerpo con un esposo abusador hasta vencerlo con el amor incondicional del Señor, que nos muestra su poder tanto en la iglesia como en las esquinas de la ciudad de Nueva York donde, cuando menos lo esperamos, alguien levanta su mano confesando a Jesucristo como el Hijo de Dios.

Estoy convencido de que esta obra continuará, si no en mí, en la vida de otros que se levantarán en esta ciudad, popularmente señalada como la Babilonia moderna. Así como tuve tantos puntos de droga y trabajadores de narcotráfico en esta ciudad y estados aledaños, así mismo veré esta ciudad llena del evangelio y del poder del Espíritu. La Palabra de Dios empezó a difundirse coherentemente en esta ciudad. Muy pronto oiremos los noticieros declarando en los periódicos, canales de televisión y la radio: «La ciudad de Nueva York está "llena del conocimiento de Jehová, como las aguas cubren el mar"» (Isaías 11:9).

16
Proezas

«Dios tiene grandes cosas para esta iglesia», anunciaba uno tras otro profeta refiriéndose a nuestra congregación. Cada profecía nos comprometía más delante de un pueblo que aprendía a oír la voz de Dios y a creerle de corazón. No tuve mejor alternativa que alabarle por sus proezas (Salmo 150:2a) y empezar a orar como Moisés: *Señor Jehová, tú has comenzado a mostrar a tu siervo tu grandeza y tu mano poderosa; porque ¿qué dios hay en el cielo ni en la tierra que haga obras y proezas como las tuyas?* (Deuteronomio 3:24). Esas palabras también nos motivaban a seguir llevando a cabo nuestro llamado. Continuamos predicando casa por casa, por radio, televisión, calles y doquiera el Señor nos enviaba.

Tres grandes aliados: ayuno, oración y estudio de la Palabra.

El ayuno y la oración fueron parte de nuestra relación con el Señor desde temprano en la iglesia. No era raro oír a cualquier hermano de invitar a ayunar por semanas. Rafael Núñez, nuestro ministro en las cárceles, que también sirvió al Señor conmigo en la penitenciaría de Fishkill y que cumplió más de quince años de prisión, nos facilitó una de sus casas para llevar a cabo un ayuno de veintiún días. Desde el 30 de septiembre al 20 de octubre de 1996, estuvimos orando y recibiendo instrucciones del Espíritu Santo para la iglesia.

El sábado 19 de octubre un grupo de unos catorce hombres empezó a orar a las seis de la mañana y terminamos poco después de las seis de la tarde. A mí personalmente el Señor me ministró que distribuyera a toda la iglesia en grupos de células como una estrategia evangelística más eficaz. Hacía dos años que nuestra congregación no crecía como en los primeros cuatro años. La razón era que la evangelización por las casas se había reducido drásticamente.

El Señor me encomendó que estudiara los Hechos de los Apóstoles desde antes del ayuno. Pero en este fui impactado cuando él me reveló su modelo de iglesia que está condensado en Hechos 5:42: «*Y todos los días, en el templo y por las casas, no cesaban de enseñar y predicar a Jesucristo*». De ese versículo nació mi primer libro: *Células de Koinonía*, una estrategia para conquistar cualquier ciudad para Cristo. Este libro fue presentado como proyecto a Berean University para completar una licenciatura en Teología Pastoral en 1997. En 1989 me convertí en el primer estudiante en graduarse del programa de estudios ministeriales en español. Scott Harrup, editor general de la revista *Pentecostal Evangel*, hace alarde y le da crédito a esa publicación por mis logros educativos aun cuando estaba detrás de las rejas (*Pentecostal Evangel*, Abril 29, 2001, pp. 18-22). Luego de concluir este ayuno con nueve ex presidiarios, la gran mayoría de los participantes, pusimos mano a la obra. La iglesia se contagió en gran manera de un hambre por las almas y llegó a un número superior a los setecientos miembros en corto tiempo y continuó creciendo. Hoy contamos con casi trescientas células que ministran a más de dos mil personas semanalmente en las casas, de las cuales mil doscientas son miembros de Heavenly Visión.

Macorís para Cristo

El Señor nos encomendó compartir la visión con compañeros en el ministerio. Especialmente nos pidió que ayudáramos a los que solicitaran nuestra colaboración. La visión era de él, no nuestra. Le obedecimos. Empezamos a ayudar a compañeros de ministerio en Nueva York y otras ciudades como Nueva Jersey, Delaware, Conneticut y Boston. Luego me concedió el privilegio de regresar a la República Dominicana después de veinticinco años de ausencia. Allí me reuní con mis hermanos a quienes amo entrañablemente. También me reuní con mis amigos que fueron deportados. Me reconcilié sinceramente con Forty Seven. Abracé a Mike Santos, a quien vi por última vez de una celda a otra y que actualmente es pastor por llamado del Dios del cielo. Y por último, pude ver a Ramón el Sweepy Núñez, a quien no veía desde el día de nuestra última sentencia. Después de presentarle al Señor Jesús a ese amigo del alma con quien compartí tanto, sufrió una muerte trágica y misteriosa que nos tomó por sorpresa, ya que había experimentado un renacimiento moral y se convirtió en un negociante de éxito y un padre de familia responsable.

Luego el Señor trajo a mi memoria el sueño de la joven que lloraba amargamente con alaridos que se oían en todo el cielo. Recordé que mientras volaba por el aire para socorrerla, pude ver las azoteas de las casas. De inmediato reconocí que pasaba sobre el barrio Restauración de San Pedro de Macorís, donde viví la última parte de mi infancia. Concluí que el Señor nos enviaba a llevar el mensaje al pueblo «petromacorisano». La iglesia local recibió la noticia con gozo. Hice contacto con mi hermana Salvadora Sabino, Dorín que sirve al Señor antes que yo, para que se encargara de ayudarnos en todo lo que fuera necesario.

San Pedro de Macorís, ciudad de unos doscientos setenta y cinco mil habitantes es conocida popularmente como «la cuna de los grandes peloteros» por haber producido la mayor cantidad de jugadores para las Grandes Ligas. Más de sesenta petromacorisanos han logrado el sueño de jugar en las Ligas Mayores. Los pentecostales, por otro lado, la llaman «la cuna de Pentecostés» ya

que fue allí donde, por primera vez, estalló un avivamiento enca-
bezado por hermanos puertorriqueños que llegaron a la ciudad en
1930 guiados por el fuego del Espíritu Santo.

El lunes 20 de junio de 1998, salieron hacia República Dominicana más de ochenta intercesores, adoradores y maestros de
la Palabra de Dios, procedentes de Nueva York y Nueva Jersey,
principalmente. Se reunieron con otros cien hermanos del ministerio en el que yo servía para entonces: Iglesias Cristianas
Fuente de Salvación. Alrededor de ochenta iglesias de la Confra-
ternidad de Iglesias Evangélicas nos recibieron para trabajar
hombro a hombro en la conquista de Macorís.

«Macorís para Cristo» fue una actividad gloriosa. Un pro-
medio de setecientos discípulos nos reuníamos en la Iglesia Jerusalén Primera cada mañana.

En una de las reuniones, aproveché para pedir perdón públicamente al pastor Néstor Nova: «Quiero públicamente pedir
perdón a este hombre de Dios. Durante mi infancia me burlaba
de él diciéndole "Aleluya, caco de puya", mientras le lanzaba
una lluvia de piedras desde mi escondite. Fueron muchas las noches que nosotros, los niños traviesos del barrio Restauración,
les dimos un concierto de piedras sobre el techo de zinc a los
hermanos que se reunían para orar». La gente aplaudía gozosa
cuando uno de los hermanos anunciaba que Cristo había atrapado con su amor a uno de los «tira piedras».

Durante las mañanas orábamos, compartíamos enseñanzas
de evangelismo relacional y motivábamos a la evangelización.
Luego nos distribuíamos por toda la ciudad para dar testimonio
de Cristo en las casas, calles, parques y plazas. Visitábamos diferentes instituciones como cárceles, hospitales, instalaciones de
niños y de rehabilitación. Les regalábamos ropas, alimentos y
dinero, entre otras cosas. Visitábamos los diferentes barrios,
como también los ingenios azucareros y, por supuesto, llegamos
al Ingenio Angelina.

Mientras nos desplazábamos por la polvorienta calle central, un perro, un gallo y una gallina cruzaron delante del camión donde viajábamos. Por primera vez en mucho tiempo, inexplicablemente, aunque no pronuncié palabra alguna, me invadió una gran nostalgia. No cabía duda de que era oriundo de aquella tierrita que me vio nacer un jueves, 25 de octubre del 1956 a las 4:30 p.m. Esa misma tierra casi me ve morir. Tal vez no había cumplido los cinco años de edad, cuando mi madre sufrió una terrible enfermedad: «Van a pagar la brujería que le han hecho a mi hija», juraba abuela Tatá, «esto no se queda así».

Recuerdo con la claridad de un adulto un episodio de mi niñez que años después confirmé: «Bebe esta leche, papi, ¡ven!», me brindó mi mamá casi forzándome a tragar un líquido similar a leche de vaca pero con un olor muy fuerte. Cuando ella luchaba por hacérmelo tomar metiéndome el vaso de cristal en la boca, súbitamente apareció mi abuela: «¿Qué haces, Juanita?» Mi propia madre trató de envenenarme. Al poco rato llegó el gentío y se oyeron los gritos de mi abuela y de los vecinos.

Unos hombres cargaron a mi mamá y la metieron en un carro rumbo al hospital. Empezaba a hundirme en la nostalgia pensando en este y otros incidentes amargos, pero como por una epifanía, por una revelación repentina, ¡me llené del gozo de mi salvación! Al instante en que tomamos conciencia de la magnitud de la experiencia de la redención, todo cambia. ¡Qué salvación tan grande!

Entonces pude apreciar la brisa de la tarde que acariciaba mi rostro, el cielo azul contrastando en el lejano horizonte con el verde de los frondosos árboles tropicales y los abundantes campos de caña. No sé si sucede con cada creyente. El ingenio para entonces ya no molía caña. Domingo Sabino, mi padre, fue su último administrador. Desde su muerte, no se veía el humo de la chimenea, sin embargo, no había dejado de sonar el «chu chu» de los trenes de carga, transportando caña a los demás centrales que se mantenían activos. Tampoco había perdido su olor a caña de azúcar que se extendía por todo el batey.

La gente, como siempre, se acercaba curiosa a los automóviles para ver a los visitantes. Ofrecieron su ayuda para instalar los equipos de sonido hasta que empezamos a adorar. La gente llegaba alegre, sonriente y en grupos. Así es la gente de Angelina. No se había anunciado el servicio, sin embargo, en menos de media hora, les predicamos a más de doscientas personas: «Hemos venido a decirles que Jesús ama a Angelina. Jesús te ama. Él no se olvida de ti».

Un año más tarde Dios tampoco los olvidó cuando el Huracán George atacó con toda su furia a la República Dominica. El ojo del huracán tocó a San Pedro de Macorís. Más de setenta furgones llegaron de parte del esfuerzo de las iglesias de Nueva York y Nueva Jersey. Nuestro ministerio envió dos furgones de aproximadamente dieciocho mil kilogramos de medicinas, alimentos, ropas y muebles. Pastores y misioneros contribuimos para la reparación de las casas de adoración. La necesidad en Angelina era tan grande que en menos de media hora distribuimos todo lo que teníamos. Nos arrancaban de las manos lo poco que les podíamos dar. Nuestro equipo de hermanos derramó muchas lágrimas al ver que aun cuando contribuimos, no pudimos hacer suficiente para aliviar la pena de cada familia.

Luego de predicar la Palabra encima del camión, llegó la hora del llamado poderoso. La gente caía al suelo por el poder del Espíritu. Muchos eran liberados de espíritus que salían maldiciendo y dando voces. En medio del alboroto, reconocí a Nerola, aquella hechicera que había hecho caer al piso para no ver el rostro del supuesto agresor que, según ella, causó la muerte de papá Rafael. Ella también dijo que yo moriría con las botas puestas. «Nerola, salva tu vida. Invita a Jesús a tu corazón», le supliqué con mucho amor. Sus movimientos, su mirada fija evidenciaban un duelo espiritual. Yo lo discerní así. El amor venció: «Lo acepto», dijo con convicción después de un rato. Impuse manos santas sobre ella. ¡De repente, cayó al suelo mientras la gente aplaudía de gozo sabiendo que Jesús en esa hora era el único vencedor! Al otro día y las siguientes tres noches más de ciento cincuenta angelineros llegaron al estadio para participar, como una gran familia, en la celebración del gran servicio de adoración a Cristo.

Dondequiera que evangelizábamos, hacíamos un llamado a los servicios nocturnos. Nos reuníamos doce mil personas y más en el Estadio Tetelo Vargas que fue sacudido por el poder del Espíritu de Dios por tres noches consecutivamente. ¡Qué espectáculo ofrecía la multitud envuelta en adoración según la salmista Jocelyn Arias y nuestro coro la guiaba al mismo trono sublime de Dios!

El apóstol Pablo Fernández y un servidor estuvimos a cargo de los mensajes cuyos temas centrales fueron la conquista de la ciudad. Nos concentramos específicamente en compartir las tres armas de conquista y sus funciones: la intercesión que ata o paraliza al enemigo (2 Reyes 19:1-6; Mateo 18:18-20); la adoración, que confunde al enemigo (2 Crónicas 20:20-26); la evangelización que arruina al enemigo (Mateo 12:29; Lucas 11:21-22). Es decir, la intercesión limita el trabajo del enemigo en la ciudad; la adoración confunde sus estrategias y, por último, la evangelización lo despoja del botín que son las almas. Estos mensajes tocaron vidas y motivaron a la iglesia a continuar evangelizando.

La última noche fue gloriosa. Delante del pueblo macorisano, representado por más de quince mil personas presentes, el síndico municipal, licenciado Nelson Gums, nos entregó una placa de reconocimiento por nuestra labor y declaró: «¡Jesús es el Señor en San Pedro de Macorís!» El estadio se estremeció con la algarabía de la multitud. El jueves siguiente, 30 de julio 1998, el periódico Hoy reportó: «Tanto en las evangelizaciones en los diferentes barrios, como durante las tres noches en el estadio Tetelo Vargas, se convirtieron al Señor unas siete mil almas».

Nueva York es declarada «Ciudad de Dios»

Las invasiones evangelísticas eran muy frecuentes. Estábamos en serio en la conquista de Nueva York para Cristo. El lema que usábamos era «Conquistemos a Nueva York para Cristo». Durante esas actividades distribuíamos tratados a toda una vecindad unos días, mientras dábamos testimonio en las esquinas y puntos de droga, tocábamos puertas, compartíamos alimentos con los necesitados y los jóvenes celebraban competencias deportivas. Por último, hacíamos la invitación al servicio de la tarde que se celebraba al aire libre. El día acordado celebrábamos el servicio de la tarde en Hamilton Place entre las calles 137 y 138, después de ganarnos cerca de quinientas almas en tres días de saturación, cuando de repente se apareció una mujer vestida de negro y rojo haciendo una danza evidentemente demoníaca delante de la tarima. Al instante, los cielos oscurecieron y empezó a caer un fuerte aguacero. Entendí que el diablo hacía guerra. No quería que se salvaran las almas. Me apresuré a hacer el llamado. ¡Cincuenta almas vinieron a los pies de Cristo bajo la fuerte lluvia aun sin el poder del micrófono!

En una reunión en las oficinas de Radio Visión Cristiana Internacional, el hermano Rubén Greco, fundador de Peniel Publications en Nueva York, movido por el Espíritu Santo mientras planificábamos una actividad al nivel de la ciudad, declaró que «Nueva York es Ciudad de Dios». Esta declaración impactó a todo el que estaba en aquella reunión. Así que el 3 de octubre de 1998, nos reunimos unas doce mil personas en Randalls Island, para celebrar la actividad «Nueva York Ciudad de Dios». Para gente con ojo profético esta actividad produjo un cambio de ambiente en nuestra ciudad. Por un lado, los patrocinadores nos gozamos sobremanera distribuyéndonos por los puntos clave para interceder simultáneamente por la ciudad. Cada grupo de doce, oraba desde su punto de oración a través de Radio Visión Cristiana. Al estar ya reunidos todos en Randalls Island, mientras ministraba Marcos Witt en las alabanzas, todos miramos hacia arriba donde una bandada de gansos volaba de norte a sur en su usual forma de V. Acto altamente simbólico para nosotros que buscábamos el avivamiento de Nueva York con el menor interés en sobresalir individualmente sino que más bien participábamos de una dirección conjunta con un óptimo sentido de unidad para lograr el propósito divino de dar la bienvenida a la perfecta voluntad del Señor de la ciudad.

El enemigo asechaba con mala intención para causar quizás la contienda ministerial más dañina hasta ahora en Nueva York. De una manera u otra, estas contiendas causaron crítica, divisiones y aun enemistades prolongadas. El enemigo aprovechó este ambiente tenso para arreciar aun más su ataque feroz. Más de cinco mil creyentes tuvimos que darnos cita frente al tribunal de Kew Gardens en Queens para protestar contra el arresto indebido del pastor Frank Almonte. Aun los medios seculares de comunicación como Univisión, Telemundo, Fox, Diario La Prensa junto a Radio Visión y los demás medio de la comunicación cristiana lanzaron una campaña tan fuerte que las autoridades tuvieron que descartar las acusaciones al pastor Frank Almonte. David Greco más un grupo de los programadores clave de Radio Visión Cristiana abandonaron sus programaciones evitando así conflictos ministeriales innecesarios. El enemigo también arreciaba con amenazas de demandas legales, escándalos con tal de debilitar y diversificar las fuerzas del cuerpo. No obstante aunque el plan de la conquista de Nueva York no siguió con el mismo auge, continuó ardiendo en nuestros corazones como una llama que nunca se apagará.

Una de las críticas fuertes contra nosotros fue que nos convertimos en «sensacionalistas». Se decía que para qué orar alrededor de la ciudad en caravanas, en los puentes, en los rascacielos más altos y otros sitios estratégicos si el Señor nos oía en cualquier lugar. Durante un concierto, ante una congregación de mas de tres mil personas, el Espíritu Santo puso en mi corazón que brindara una manzana a cada líder presente y que la comiéramos delante de la congregación que nos apoyara en oración. Cada líder pasó al altar a comer su manzana mientras los demás oraban para que el Señor estuviera con nosotros mientras nos comíamos la Gran Manzana, que es la ciudad de Nueva York.

Buenas Nuevas, Nueva York

«Buenas Nuevas, Nueva York» fue otra actividad similar que tuvo gran acogida a pesar de los obstáculos de los críticos y escépticos.

«Nunca imaginé que los líderes de las iglesias de esta ciudad donde hay tantas almas, no reconocieran tal visitación de Dios», se lamentó mi compañero del mundo y también mi sastre personal desde mi juventud, Genito Mota, una de las veinticuatro noches mientras viajábamos a la cruzada vía West Side Highway. Por seis semanas durante el verano de 1999, evangelizamos las calles de la Gran Ciudad con equipos locales y representantes de numerosas naciones. Por veinticuatro noches se adoró y se predicó a Cristo desde la famosa arena Madison Square Garden.

El doctor Rodney Howard Brown, misionero africano que llegó a los Estados Unidos con solo trescientos dólares y su Ministerio de Avivamiento Internacional, aceptó el desafío de invertir seis millones y medio de dólares. El Señor me concedió el privilegio de ser el coordinador general latino y también estar presente cada día y cada noche ganando almas para su gloria. La segunda noche de la actividad, el jueves 8 de julio de 1999, se cumplió el sueño de compartir el testimonio en el Madison, cosa que se repitió el miércoles 9 de agosto. Nunca pensé que se cumpliera tan pronto uno de los sueños que tuve en mi corazón y que había declarado públicamente desde el altar de la iglesia local. «Las naciones tienen que escuchar ese testimonio», me dijo el hermano Rodney con una sonrisa. El hermano Ben Kinchlow me presentó con mucho gozo, gritando a viva voz: «Este hombre era un narcotraficante en esta misma ciudad. Mientras esperaba su tercera sentencia el Señor Jesucristo visitó su celda. Escuchemos el testimonio transformador de un ex narcotraficante, el pastor Salvador Sabino».

El Señor me dio el privilegio de ver a miles de personas desde todos los ángulos venir a los pies de Cristo. Aunque se salvaron más almas en las calles de la ciudad con los equipos de evangelistas que llegaron desde diferentes continentes, me gozaba en gran manera cuando corrían al altar tocados por el mensaje de gracia que predicaba el hermano Rodney por las noches. Disfrutaba porque aun cuando el Madison Square Garden es la arena más famosa del mundo por sus grandes combates deportivos de boxeo, hockey, lucha libre y por sus fantásticos espectáculos, conciertos, etc., ahora se hacía grande porque se convertía en casa de salvación donde centenares se rendían de corazón a los pies de Jesús. Para nosotros, durante ese tiempo, Jesús era el Señor del Madison Square Garden. ¡Más de cuarenta y ocho mil almas vinieron a los pies de Cristo!

Charles W. Bell, periodista del Daily News, declaró en la edición del sábado 10 de julio de 1999, página 20, que estábamos «... salvando con una sonrisa». «Si él puede salvar a Nueva York, puede salvar al mundo, dijo Sabino. Y yo creo que él puede salvar a Nueva York», concluyó Bell su artículo.

El gozo del crecimiento de los miembros de Heavenly Vision

La iglesia con su nuevo nombre Heavenly Vision [Visión Celestial], continuó en franco crecimiento. «El reverendo Salvador Sabino, un ex narcotraficante que cumplió tres términos penales, está lanzando una campaña para convertir a pandilleros, narcotraficantes, jóvenes y desamparados para su iglesia, la que ha crecido de ciento veinte a mil cien miembros en solo ocho años», citó Christine Haughney en su artículo «La Religión Aviva el Bronx» de la edición nacional del Washington Post, del 11 de septiembre del 2000.

Diferentes entidades de comunicación religiosa y secular nos visitan con frecuencia a causa de nuestro estilo de evangelismo que atrae a gente que usualmente rechaza la oferta de visitar una iglesia. A menudo, también inquieren sobre el crecimiento de las iglesias latinas en el Bronx, que han crecido de cuatrocientas a novecientas en los últimos cinco años. «Se está practicando bastante el evangelismo», respondió el pastor Hermes Caraballo.

«Es un mover del Espíritu Santo, una visitación de la gloria de Dios», dijo Sabino. Así escribió nuestras respuestas Michael Clark de Christianity.Com, Inc. en su artículo «Un convenio hecho en el Cielo», del 22 de septiembre del 2000.

«Gran parte del avivamiento viene como resultado de la combinación del pentecostalismo y la concentración de hispanos del barrio. Predicadores fogosos como Sabino, nativo de la República Dominicana y fundador del Centro Cristiano Visión Celestial, están guiando al crecimiento...», añadió Michael Clark.

La mayoría de periodistas y demás profesionales de medios de comunicación masiva se interesan por la peculiaridad de los muchos miembros con un pasado violento. Por supuesto, no me ofendo ya que soy uno de los mejores ejemplos. Lo que eso comprueba es nada más y nada menos que el poder de Cristo está en acción. Son muchos los que entregaron sus armas, revólveres, ametralladoras, granadas y explosivos de todo tipo después de tener un encuentro con Jesús. ¡Imagínense la gracia del Señor! Un joven drogado se lanzó de un tercer piso, tal vez creyendo que al descender le saldrían alas, sin embargo, antes de caer desplomado en la acera de concreto, oyó la voz de Dios y se convirtió siendo hoy un coordinador territorial en nuestra iglesia, responsable de seis a doce coordinadores sectoriales, o sea, supervisando a más de cien personas. Esta es la historia impactante de Mario Junior Peña, cuya familia sirve al Señor después de experimentar una vida de droga, alcohol y otros vicios. ¿Cuántas familias ha destruido el enemigo en esta ciudad? Sin embargo, ¡muchos de sus miembros han sido restaurados y hoy sirven a Dios en nuestra iglesia!

Mi gozo es ver al evangelista José Choco Lazen predicar desde nuestro altar después de perder una carrera deportiva y entregarse a una vida de crímenes que lo llevó a la cárcel por más de diez años. Él testifica que vino a Cristo a través del ejemplo que recibió de mí siendo parte del mismo equipo de sóftbol en la penitenciaría de Fishkill. ¡Cómo puedo controlar el gozo que siento al oír predicar a nuestros pastores locales: Domingo Pino, que no vacilaba en tomar un revólver para disparar y estuvo años en prisión; a Ozzie Suárez, que vio tanta cocaína pasar por su mano o a Ángel Cuba, que si no hubiera escuchado la voz audible de Dios, habría llevado a cabo la matanza que en ese momento planificaba mientras acariciaba una ametralladora Uzi y una escopeta recortada.

Me gozo al ver a Jenny, una joven que se tiró a la calle desde los diez años de edad. Llegó a la iglesia con el vicio del cigarrillo y con un marido con quien intercambiaba golpes como un hombre y que trágicamente perdió su vida a causa de una sobredosis. Ella no se dio por vencida, sino que luchó para luego casarse, llena de honra, con un joven de Dios. ¡Robert y Jenny Piñeiro son pastores de jóvenes con un ministerio muy próspero!

Me gozo también al ver a una mujer que podemos comparar con la samaritana ministrando a los judíos, cuando a nosotros desde niños nos enseñaron que «esos pájaros negros que andan en grupos son los judíos que mataron a Jesús. Y por eso merecen el peor de los castigos...» Es tanto así que un amiguito de infancia empujó a un judío hasta hacerlo caer debajo de las ruedas de un tren en una parada de Washington y pocos mostraron remordimiento por esta vil acción; al contrario, algunos justificaron el hecho con la referida falsa creencia. Gracias a Dios, hoy tenemos la verdadera revelación aun por nuestra propia experiencia. Nosotros hemos sabido llorar en el Muro de los Lamentos por la restauración de Israel. ¡Amamos a Jerusalén!

¿Por qué esa transformación tan grande? En simples palabras, Jesucristo nos ha transformado. ¿Por qué vivimos vidas victoriosas? Simple y únicamente ¡por la llenura del Espíritu Santo! El Señor bautiza en el Espíritu Santo en casi todas nuestras reuniones hogareñas y en el templo. Dios está haciendo algo nuevo cada día en nuestras vidas. En un viaje a Tierra Santa, allá en Caná de Galilea, el Señor me reveló que el vino nuevo que viene en este tiempo superará el de su tiempo. Hombres y mujeres cambiarán la reputación de esta ciudad de Nueva York a causa de la plenitud del Espíritu en sus vidas. No será conocida más como una Babilonia moderna sino como la ciudad donde sobreabunda la gracia de Dios. La gente de Nueva York muy pronto exclamará: «Mi copa está rebosando» (Salmo 23:5c). Para conquistar tu ciudad es necesario que estés lleno del Espíritu Santo. Si tienes hambre y sed de Dios, la llenura del Espíritu es para ti. Jesús dijo: Si alguno tiene sed, venga a mí y beba. El que cree en mí, como dice la Escritura, de su interior correrán ríos de agua viva (Juan 7:37b-38). ¡Prepárate porque se avecina un gran avivamiento!

El nacimiento del ministerio viajero

Además de nuestra función de pastores, Kenia y yo nos dedicamos a compartir a Jesucristo a través de The S.E.A., acrónimo de Sabino Evangelistic Association. Fundamos esta asociación evangelística el 15 de junio de 2000, celebrando una fiesta preciosa a la que acudieron más de sesenta ministros, pastores y obispos de la ciudad y el exterior y alrededor de mil cuatrocientas almas. Esa noche reportamos que más de mil doscientas personas vinieron a los pies del maestro durante los diez días que saturamos las calles del Bronx y Washinton Heights. También otros cuarenta respondieron al llamado después de escuchar escuchar «Dos Caminos, el testimonio impactante de un ex narcotraficante». Esa noche el éxito fue tan grande que nació la idea de llevar esa actividad a escuelas, auditorios y estadios en las ciudades, estados y naciones que el Espíritu Santo nos enviara.

Después de la inauguración de The SEA nos lanzamos a una gira evangelística viajando de costa a costa por los Estados Unidos, como también a Puerto Rico y a la República Dominicana. Nos place sentirnos parte del mover de Dios en las diferentes ciudades y naciones. El 20 de junio de 2000, tuve el privilegio de dar el testimonio «Dos Caminos» en la noche de apertura de «Buenas Nuevas, América» en el Coliseo Hirsh de Shreport Louisiana, otra invasión evangelística de seis semanas patrocinada por Revival Ministries International donde más de cincuenta mil almas llegaron a los pies de Cristo. Aunque salimos con frecuencia a llevar el evangelio de Jesucristo, procuramos estar en la iglesia local Heavenly Vision cada fin de semana.

El Señor cambió el rumbo de mi destino por su gracia

El Señor me sacó con mano poderosa de la calle, la droga, el crimen y la prisión. Me visitó en una celda donde yo aparentaba no tener esperanza. Me mostró el verdadero camino por su gracia, ya que ¿qué me merecía, sino el castigo más severo? Él me dio la oportunidad de seguirlo. Yo escogí seguirlo de todo corazón. Mi gozo ahora es servirle. Me gozo predicando su Palabra, escribiendo libros como *Células de Koinonia, una estrategia evangelística para conquistar cualquier ciudad para Cristo y La Segunda Unción* que prueba a través de la Escritura que se puede subir a una dimensión más alta de unción cada día. También me gozo escribiendo himnos tales como «El Trono Sublime», «Tu Gloria», «Oh, Espíritu», «Instrumento de Guerra», entre otros grabados por la salmista del Señor, Jocelyn Arias, que también es producto de lo que Dios está haciendo con la gente de Washington Heights. Ella anduvo por el mundo de la farándula por más de veinte años cantando con la agrupación «Millie, Jocelyn y los Vecinos», pero hoy es embajadora del cántico en nombre de nuestro Señor Jesucristo. Naturalmente nada de lo que yo haga podrá pagar lo que él ha hecho por mí. Por él tengo vida; para él quiero vivir.

Una lista de los que sacaban el revólver conmigo en el camino de la calle probaría, sin lugar a dudas, que la gran mayoría fue asesinada, está incapacitada física o mentalmente, o en alguna prisión cumpliendo una larga condena. Por el Señor Jesús yo estoy vivo, para él quiero vivir.

Quisiera hacer todo lo que él demande de mí. Recientemente, me envió de nuevo al área de Washington Heights, en Manhattan, exactamente donde delinquí por mucho tiempo. Tocamos todas las puertas posibles buscando un lugar de adoración. Hablamos con pastores para que nos permitieran usar sus templos para reunirnos a cualquier hora fuera de sus servicios regulares. Les explicamos que teníamos una cosecha grande de almas que no queríamos perder.

Las células continuaban creciendo. Cuando estábamos a punto de frustrarnos, el Señor nos hizo empezar a orar sin cesar. Largas horas pasábamos con Rafael Rodríguez, que es hoy mi pastor asistente en la congregación que se reúne en Manhattan. Le dimos vuelta a la isla de Manhattan orando en carro, tren, a pie, etc., por muchos meses. Ninguna puerta se abría.

«Señor, si me concedes que mi amigo Henry sea el pianista de esta nueva iglesia, creeré que esa es la señal que confirmará que tú abres puerta en Manhattan», oré una madrugada después de ministrarle a la familia de Henry Tineo, compañero de grupo musical desde nuestra juventud.

Finalmente visitamos el auditorio más grande de Washington Heights, el teatro United Palace. Tan pronto entré al auditorio declaré lleno de fe: «Adoraremos al Señor en este lugar, en el nombre de Jesús». No obstante algunos, para desalentarnos, decían: «Nunca entrarán a ese lugar. Es demasiado caro. Ninguna iglesia latina podrá pagar ese alquiler. Además, el dueño no compartirá ese lugar con nadie».

El dueño de ese teatro, el reverendo Frederick Ikerenkoetter, posiblemente el ministro más rico del mundo, que visita ese lugar quizás una vez por año, estuvo de visita en Nueva York y quiso conocerme, ya que una joven de su equipo le habló de cómo el Señor me había transformado. Después de pasar por su estricto sistema de seguridad, finalmente fui escoltado al lugar donde se encontraba sentado en un sillón que tenía un diseño de una corona dorada exactamente sobre su cabeza. Sus dos hombres, uno a cada lado, y su impecable apariencia personal, evidenciaban que vivía como un rey de Hollywood. Se puso en pie y, riendo a carcajadas, me abrazó y dijo:

—Conque tú eres Sabino. He estado pidiéndole a Dios que levante a alguno que quiera hacer algo en Washington Heights. Tú eres un misionero en Washington Heights. Sabías eso? —dijo todavía riéndose con notable cortesía.

—Gracias —respondí con cierto temor de hablar.

—Yo era un niño pobre de catorce años de edad, el único predicador en toda la escuela. Pero no tenía dinero para comprar un sándwich como los demás. En más de una ocasión empeñé mi abrigo para poder ir a la escuela. Por eso desafié a Dios. Le dije: Señor, si no me suples para un sándwich mañana, no predicaré más tu Palabra. Nunca más pasé hambre —testificaba él manteniendo una sonrisa de hombre sabio—. Yo veo hambre en ti. Así como llené el Madison Square Garden en el año 1971, creo que tú lo harás también. Ten fe. Dime algo de ti —me pidió el reverendo Ike. Y le compartí gran parte del testimonio que él escuchó de buena gana y sin interrupciones.

¡Qué privilegio más grande me ha dado el Señor¡ He vuelto en calidad de embajador de Cristo, en calidad de predicador a la misma vecindad donde fui un delincuente. ¿Cuántos crímenes cometí en esa comunidad? Recuerdo que en una ocasión, hace alrededor de veinte años, corrí alrededor del United Palace en la 175 y Broadway, pistola en mano, para dispararle a un supuesto perpetrador. Visité ese lugar atraído por los carros Rolls Royce del reverendo. Vine por la admiración al dinero. ¡Únicamente el Señor, por su gracia, pudo cambiarlo todo! Hoy desde el teatro United Palace, ubicado en esa misma esquina, predico que Jesucristo vino *a pregonar libertad a los cautivos* (Lucas 4:18d). ¡Qué privilegio tan grande es ver entrar las almas a ese teatro, especialmente aquellos que salen de las calles, levantando manos santas, rindiendo loor a su Libertador! ¡Qué privilegio es oír sus testimonios de cómo el Señor los sacó de las pandillas, la violencia, la droga, la prostitución y la brujería, entre tantas otras perversiones¡ Más que una iglesia común Heavenly Vision es un refugio. «El United Palace sirve de casa a... Heavenly Vision Christian Center», escribe David W. Dunlop, periodista del periódico *The New York Times* en la edición de fin de semana de abril 13 de 2001, página E34.

Aunque mi esposa y yo fundamos la asociación evangelística The S.E.A. y viajamos de costa a costa en los Estados Unidos y a otras naciones llevando el mensaje, nuestro sumo gozo es ver lo que ha empezado a suceder en Washington Heights, en el Bronx y en muchas otras partes de la ciudad de Nueva York. Algo grande sucederá con relación al reino de Dios en Nueva York que tendrá un impacto mundial como ha sucedido otros aspectos de esta ciudad. Declaramos con plena convicción que Dios está a punto de sacudir esta ciudad con el poder de su Espíritu.

No fui rebelde a la «Visión Celestial»

El Espíritu Santo viene sobre el creyente con el propósito de darle poder para hacerlo testigo y para que siga su plan de evangelización local con una visión global. Heavenly Vision recibió la encomienda divina de no ser *rebelde a la visión celestial* (Hechos 26:19). La iglesia de este tiempo ha de estar en una constante movilización para la salvación de las almas.

«Id» es el supremo llamado de acción en toda la Biblia (Mateo 28:19; Marcos 16:15 y Hechos 1:8). Jesucristo murió por las almas. Estamos cumpliendo con el plan que Dios nos dio de visitar cada casa y evangelizar públicamente, primero en los dos distritos donde estamos localizados y luego por cada distrito de la ciudad de Nueva York. Tenemos la meta de ganar más de treinta mil almas para Cristo en los próximos cinco meses predicando la Palabra en público y por las casas de forma coherente (Hechos 20:20).

Nuestras células estén dando a conocer a Cristo por las casas en su día oficial de reunión moviéndose también de edificio en edificio. Después de cada servicio dominical salimos en el poder del Espíritu a predicar y a enseñar a Cristo también por las casas y las calles. Luego, los demás días, especialmente durante diez sábados predicamos en avenidas y puntos estratégicos en equipos de tres a seis y finalmente cerramos cada mes con una cruzada de tres días. En nuestra última cruzada de verano oramos por aire, mar y tierra. Le damos la vuelta a la isla de Manhattan en el ferry con quinientos treinta y cinco guerreros de oración y un barco lleno de creyentes. Subirán los líderes a los helicópteros y, simultáneamente, centenares de carros y motos le darán la vuelta a la isla.

Luego nos lanzamos por las calles a predicar la gracia de Cristo sobre toda la ciudad en una invasión evangelística con muchas iglesias participantes. Finalmente, nos reunimos en un parque céntrico para adorar a Jesucristo, el Señor de Nueva York. Los periódicos y demás medios de comunicación declararán: «Miles se convierten a Cristo y proclaman a una sola voz: ¡Nueva York, ciudad de Dios! ¡Nueva York, ciudad de Dios!»

La visión de los últimos días

La venida del Señor se acerca. Tuve una visión en la cual yo estaba en el centro en el que se unen los cuatro puntos cardinales de la tierra. Repentinamente, vi cómo el sol, las estrellas y los demás astros del cielo dejaron de iluminar. Sentí vibraciones estremecedoras de peligro. Miré hacia el este y noté que del horizonte avanzaba con ímpetu un torrente de fuego que abarcaba todo el territorio oriental. Intenté escapar hacia el oeste. Pero otra ola de fuego avanzaba con igual fuerza desde allí. Entonces quise escapar hacia el sur. Otro torrente de fuego avanzaba de igual manera. El resplandor de ese fuego me permitió observar cómo la humanidad estaba turbada; cómo la gente corría en todas direcciones buscando misericordia, auxilio, socorro. En esa carrera agónica el fuerte pisoteaba y le pasaba por encima al débil. Nadie quería ni podía ayudar a otro. Nadie ayudaba a las mujeres, ni a los ancianos ni a los inválidos ni a los recién nacidos. ¡Aquello era horroroso! Todos gritaban.

Grandes y chicos se lamentaban: «!Ay, ay, ay! ¡Se está acabando el mundo¡ ¡Ha llegado el fin!» Era como si la misericordia, el auxilio y el socorro hubieran desaparecido de la tierra. ¡Qué horrible era aquello!

Las calles de las ciudades grandes y pequeñas estaban bañadas por la sangre derramada de sus hijos. Al pasar los segundos aumentaban el dolor, los gritos y los alaridos. Cuando la cosa se puso más difícil, yo también pensé como los demás; únicamente en mí. Así que también pisoteaba y pasaba por encima de la gente, buscando con desesperación escapar de aquel terrible juicio. Por último, corrí hacia el norte, pero también de allí avanzaba con gran velocidad otra ola de fuego. No había escape por el este. No había escape por el oeste, ni por el sur, tampoco por el norte. Pero algo inesperado ocurrió. Pensé que moriría, pero el Señor cambió el rumbo de mi destino en esa visión como en mi vida.

Me identifico con el salmista que dijo: *Voz de júbilo y de salvación hay en las tiendas de los justos; la diestra de Jehová hace proezas. La diestra de Jehová es sublime; la diestra de Jehová hace valentías. No moriré, sino que viviré, Y contaré las obras de JAH* (Salmo 118:15 -17).

Como aparece un oasis en el desierto, así apareció un río cristalino en el área del nordeste. Este río estaba, creo yo, a la vista de todos. Sin embargo, no todos corrían hacia él. Parecía que la mayoría no creía que ese río le serviría de alivio. La mayoría no creía que ese río le serviría de salvación.

Por mi parte, no veía otra alternativa. Delante de mí había dos caminos: uno era el río de la salvación y el otro era el fuego del juicio. Mientras corría jadeante a toda velocidad hacia el río, discerní que allí ciertamente había misericordia, auxilio y socorro. Ese río era la gracia de Dios. Ese río era Jesús. Según me sumergía en el río, pude ver que otros se lanzaban igualmente. El río era de aguas refrescantes. Las corrientes de las aguas nos alejaban rápidamente del fuego ardiente. Mientras más nadábamos, nos llenábamos más y más de gozo. Mientras avanzábamos hacia las aguas profundas de ese río cristalino, dábamos gracias. Entonábamos, con gran júbilo, el coro celestial: «Estamos salvos, gracias a Jesús, estamos salvos».

Ese río que estaba en el nordeste es el río de Dios, el mismo que muy pronto inundará el área del nordeste de los Estados

Unidos, Nueva York. Hace muy poco tiempo, el Señor me mostró que el pueblo de Nueva York nadaba en ese río de aguas cristalinas, refrescantes y abundantes. Nadábamos hombres y mujeres, jóvenes y niños, gente de toda raza y denominación. Nadie se quejaba de su diferencia racial, estatus social o preferencia doctrinal.

Todos reconocíamos a Jesús como el Señor de señores. Estábamos llenos de gozo. En medio de ese río de gozo, oí una voz celestial que me dijo: «Dile a mi pueblo que así nadarán en mi avivamiento!» ¡Gloria al Altísimo! ¡Adelante, Dios te llama! ¡Dile sí a la vida eterna! ¡Reserva tu asiento en el vuelo celestial! ¡Declárale como tu Señor y sé un militante activo de su reino! Sigue a Jesús. *Yo soy el camino, y la verdad y la vida; nadie viene al Padre, sino por mí,* dijo el Señor. Jesús es el verdadero camino. ¡Síguelo!

Nos agradaría recibir noticias suyas.
Por favor, envíe sus comentarios sobre este libro
a la dirección que aparece a continuación.
Muchas gracias.

Editorial Vida
8325 NW. 53rd St., Suite #100
Miami, Florida 33166-4665

Vidapub.sales@zondervan.com
http://www.editorialvida.com